Intellectual Property
Transactions and Enterprise
Innovation Performance

知识产权交易与
企业创新绩效

谢 芳◎著

知识产权出版社
全国百佳图书出版单位

图书在版编目（CIP）数据

知识产权交易与企业创新绩效/谢芳著. —北京：知识产权出版社，2018.12
ISBN 978 – 7 – 5130 – 5923 – 7

Ⅰ.①知… Ⅱ.①谢… Ⅲ.①知识产权—产权转让—关系—企业创新—企业绩效—研究
Ⅳ.①D913.404②F273.1

中国版本图书馆 CIP 数据核字（2018）第 287071 号

内容提要

本书基于交易费用理论、委托代理理论、开放式创新理论等，通过案例分析、零膨胀负二项回归分析等研究方法对知识产权交易对技术创新的内在作用机理、知识产权交易与企业创新绩效之间的关系和企业实施知识产权交易过程中的关键决策等问题进行深入分析，并得出相应结论。

责任编辑：王祝兰　　　　　　　　　　责任校对：王　岩

封面设计：久品轩　　　　　　　　　　责任印制：刘译文

知识产权交易与企业创新绩效

谢　芳　著

出版发行：	知识产权出版社 有限责任公司	网　　址：	http：//www.ipph.cn
社　　址：	北京市海淀区气象路 50 号院	邮　　编：	100081
责编电话：	010 – 82000860 转 8555	责编邮箱：	wzl@ cnipr.com
发行电话：	010 – 82000860 转 8101/8102	发行传真：	010 – 82000893/82005070/82000270
印　　刷：	三河市国英印务有限公司	经　　销：	各大网上书店、新华书店及相关专业书店
开　　本：	720mm×1000mm　1/16	印　　张：	10
版　　次：	2018 年 12 月第 1 版	印　　次：	2018 年 12 月第 1 次印刷
字　　数：	185 千字	定　　价：	48.00 元

ISBN 978 - 7 - 5130 - 5923 -7

前　言

近年来，企业研发活动所处的环境发生了显著的变化，开放式创新模式对企业竞争力的提升变得日趋重要。知识产权交易已成为开放式创新的关键影响因素，然而我国大多数企业知识产权运营水平还有待提高。传统的理论研究更多地是从静态的角度去分析如何提高企业知识产权的保护意识，而对于如何挖掘企业知识产权动态价值的知识产权交易较少涉猎。在此背景下，本书主要提出了三个研究问题：（1）知识产权交易对技术创新的内在作用机理是什么？（2）知识产权交易与企业创新绩效之间的关系是什么？（3）企业实施知识产权交易过程中的关键决策有哪些？

本研究基于交易费用理论、委托代理理论、开放式创新理论等，通过案例分析、零膨胀负二项回归分析等研究方法对上述问题展开了深入分析。主要研究结论如下：

（1）企业创新网络中的知识流动可细分为四种类型，其中与知识产权交易有关的是内向整合型和外向授权型知识流动。知识流动是知识产权交易影响企业创新绩效的中介变量，企业的学习吸收能力对知识流动影响创新绩效起到正向调节作用。

（2）影响知识产权交易实施的因素可分为交易环境因素、交易主体因素和交易客体因素三大类。其中，交易环境因素主要有知识产权制度、中介服务体系、风险投资体系，交易主体因素指的是交易的买方与卖方之间的沟通机制、技术势差，交易客体因素指的是技术的不确定性、复杂性和成熟性。

（3）将专利许可交易作为知识产权交易定量化研究的切入口，利用国家知识产权局专利许可交易登记数据，结合德温特（Derwent）创新索引数据库中的专利申请、引证数据，采用零膨胀负二项回归模型分析了专利许可交易与交易受让企业专利质量之间的关系。统计结果表明，专利许可交易在一定程度上改进了专利受让企业后续的专利质量，从实证层面证明了知识产权交易与企业创新绩效之间存在正相关关系。

（4）企业实施知识产权交易过程中的三个关键决策为：哪些知识产权需要通过交易的方式来获取或运营？（决策 1）应该选择何种交易机制？（决策 2）是否需要中介的参与？（决策 3）决策 1 涉及企业知识产权交易战略的制定，我们可以将知识产权战略选择模型及专利组合分析法作为辅助决策工具。决策 2 涉及知识产权的交易机制，在开放式创新情境下，为了提升知识产权的转化效率，我们应在专利转让、许可等传统知识产权交易机制的基础上，积极探寻例如知识产权信托、知识产权证券化等新的交易方式。决策 3 关系到知识产权交易的治理结构。假设交易的不确定已知，当知识产权交易的频率为"偶尔"或"经常"，交易的资产是非专用性的时候，市场治理特别有效；当知识产权交易的频率为"经常"，交易的资产属于混合性或专用性的时候，适合采用双边治理结构；而当知识产权交易的频率为"偶尔"，交易的资产专用性程度为混合和专用模式时，三边治理结构比较合适。

本书的创新之处主要体现在：

一是增强了现有理论研究的系统性。深入剖析了知识产权交易对创新绩效的影响机制，构建了知识产权交易（交易主体、交易客体、交易环境）—知识流动（内向整合型、外向授权型）—创新绩效的概念模型。对企业实施知识产权交易过程中的三个关键决策——知识产权交易战略、知识产权交易机制、知识产权交易治理结构分别进行了细致的探讨。

二是弥补了知识产权交易现有研究缺乏深入定量分析的缺陷。首次从专利引用的微观层面实证探讨了专利许可交易与交易受让企业专利质量的内在关系，使知识产权交易对创新绩效的影响有了更客观的评价，又对进一步提升我国企业的专利质量具有实践指导意义；同时从专利计量学的角度，对原有专利的前向引用统计公式进行了修正和改进，从单个专利扩展到了对专利家族专利质量的测度；实现了对当前引用次数为零的专利进行全生命周期引用次数的预估；根据与许可交易专利之间的关系，对专利受让者后续所申请专利的后向引用进行了详细的分类，为以后相关的数据分析提供了启示。

Foreword

In recent years, the environment of enterprise R&D activities has undergone significant changes, and the open innovation model has become increasingly important to enhance the competitiveness of enterprises. Intellectual property transactions have become a key factor in open innovation, but the level of intellectual property operations of most Chinese enterprises remains to be improved. The traditional theoretical research analyzed how to improve the protection of intellectual property rights of enterprises based on the static point of view, but how to tap the dynamic value of intellectual property rights of enterprises is less involved in existing research. In this context, this book is focused on three questions: (1) What is the relationship between intellectual property transactions and corporate innovation performance? (2) What is the intrinsic mechanism of intellectual property transactions to technological innovation? (3) What are the key decisions made by companies in the process of intellectual property transactions?

Based on transaction cost theory, agent theory and open innovation theory, this book studies the above – mentioned problems through case study and zero-expansion negative binomial regression analysis. The main conclusions of this book are as follows:

(1) The knowledge flow in the enterprise innovation network can be subdivided into four types, among which the types of "acquiring" and "licensing" are related to intellectual property transactions. The flow of knowledge is the mediating variable between intellectual property transaction and innovation performance. Learning Absorptive Capacity plays a positive role in regulating the impact of knowledge flow on innovation performance.

(2) The factors that affect the implementation of intellectual property transac-

tions can be divided into three categories: trading environment factors, transaction subject factors and transaction object factors. Among them, the trading environmental factors mainly include intellectual property system, intermediary service system and venture capital system; the transaction subject factors refer to the communication mechanism between the buyer and the seller, the technical capability difference; the transaction object factors refer to the technical uncertainty, complexity and maturity.

(3) We use patent licensing transactions as an entry point for quantitative research on intellectual property transactions. Based on the measure of the patent family quality over the life span, the study examines the relationship between the licensing experience and firm's patent quality using negative binomial regression model. Various data sources are used in the study: the registered records of patent licensing agreements by China National Intellectual Property Administration; patent application and citation data from the Derwent Innovation Index database. The results indicate that the licensing experience positively impacts licensee firm's subsequent patent quality.

(4) The three key decisions in the process of intellectual property transaction are as follows: Which intellectual property rights need to be acquired or operated through transactions? (Decision 1) Which trading mechanism should be chosen? (Decision 2) Do we need the involvement of an intermediary? (Decision 3) Decision 1 involves the formulation of a corporate intellectual property strategy. We can use the intellectual property strategy selection model and the patent portfolio analysis method as aiding decision tools. Decision 2 relates to the trading mechanism of intellectual property rights. In the presence of traditional intellectual property trading mechanisms, we should follow the development rules of open innovation, look for new ways and means of intellectual property transactions, and improve the efficiency of intellectual property transformation. Decision 3 relates to the governance structure of intellectual property transactions. It is assumed that the uncertainty of the transaction is known. When the frequency of intellectual property transactions is "occasional" or "regular" and the assets of the transaction are non – specific, market governance is particularly effective; when the frequency of intellectual property rights transactions is "frequent" and the assets of the transaction are mixed or specific, it

is appropriate to adopt a bilateral governance structure; when the frequency of intellectual property transactions is "occasional" and the assets of the transaction are mixed or specific, the trilateral governance structure is more appropriate.

The innovation of this thesis is mainly reflected in following two aspects:

Firstly, it enhances the systematicness of the existing theoretical research. A conceptual model is constructed which analyzes the relationship of intellectual property transactions (transaction subject, transaction object, transaction environment) knowledge flow (acquiring, licensing) and innovation performance. Three key decisions (intellectual property transaction strategy, intellectual property transaction mechanism and intellectual property transaction governance structure) in the process of intellectual property transactions by enterprises are discussed in detail.

Secondly, it makes up for the lack of in - depth quantitative analysis of intellectual property transactions. This paper explores the intrinsic relationship between patent licensing and the patent quality of licensee enterprise from the micro level of patent, so that the influence of intellectual property transaction on innovation performance is more objectively evaluated, and it is practicable to further enhance the patent quality of Chinese enterprises and from the perspective of patent metrology, the original patent of the forward reference statistical formula has been amended and improved from a single patent extended to the patent family of patent quality measurement; achieves the current reference to the number of zero patents ; makes a detailed classification of the patent backward citations based on its relationship with the licensing in patent. It provides a revelation for the subsequent analysis.

目　录

i

图目录

表目录

第1章 绪 论

1.1 选题的现实背景

1.1.1 开放式创新模式对企业竞争力的提升变得日趋重要

近年来，企业研发活动所处的环境发生了显著的变化。由于技术复杂性和技术集中度的提高，企业很难拥有创新活动所需要的全部技术和资源（Caloghirou、Kastelli 和 Tsakanikas，2004；Teece，1986），尤其是信息通信技术和生命科学等领域。此外，随着消费者层次的提高和消费者需求的多样化，产品生命周期明显缩短，公司开发新技术和向市场提供产品或服务的需求比以前更急切。由于信息通信技术的发展，例如互联网的扩张，全球范围内的研究者可以更方便地接触和共享先进科技的相关信息，世界各种各样的实体催生了更多有效的可能促进创新的科学方法。这意味着，目前很多可能提升公司业绩的有效方法存在于企业外部，而不是在企业内部。

在产品和流程的技术复杂性增加、创新的成本和风险提高、消费者需求迅速变化、互联网扩张的大背景下，企业开始改变它们的创新流程。越来越多的企业超越自身企业边界，拓展创新活动范围以保持在创新竞赛中的优势（如创新速度的提高）并保证企业稳定的成长（Gassmann，2006）。它们与外部伙伴合作，例如其他企业、政府、科研机构和大学等，来获取有效的方法并向市场更迅速有效地提供产品和服务。它们也通过出售或许可它们自己未被使用的方法和技术给其他企业来获取盈利。

企业开始采取"开放式创新"模式，它们通过积极利用外部有效方法和技术为市场迅速有效地提供产品或服务，同时允许其他企业使用本企业闲置的方法和技术。像 IBM、Intel 公司和宝洁公司等都是开放式创新战略的有力实施者。今天的创新不是发明家闭门造车完成的，而是技术专家、市场专家合作的结晶。因此，采用开放式创新模式对于提升企业竞争力和促进创新已变得越来越重要。

1.1.2　知识产权交易已成为开放式创新的关键影响因素

随着企业开始探索更为开放的创新模式，知识流动变得日趋重要，知识产权已成为创新的一项关键要素。首先从企业角度来看，要将外部方法和技术引入到本企业业务中，就必须谨慎考虑是否可以使用这些方法和技术且不侵害其他公司的专利权，因为大多数对业务有用的外部方法和技术都受到知识产权的保护。尤其是在专利的出售者和专利权所有者相分离的情况下，某企业想要在自己的业务中使用该项外部技术，不仅需要跟该技术的销售者协商，还要跟该技术的全部所有者协商，以获取所需技术使用的合法权利。因此，保证知识产权交易的顺畅对促进知识传播来说非常重要。

其次从控制知识的合法权利来看，技术交易的一个关键问题是掌握评估技术价值所需要的信息。潜在的许可受让者或者购买者需要关于这项技术的充分信息来评估该技术对于其业务是否有用。技术的提供者必须有意识地限制提供给潜在客户的信息，以防止它们获取该项技术的充分信息并靠自己研发而不再依赖技术许可或从技术出让者手中购买。结果导致潜在的许可受让者或者购买者必须在不完全信息的基础上作出评估和决策。这种双方利益的冲突使得在技术交换交易中配对供应商和消费者变得更加困难。然而，专利为解决这一问题提供了可能性。通过界定知识产权并给予提供商合理的权限，以防止他们的工艺遭到他人"搭便车"的行为，专利使技术提供商更容易地为潜在的许可受让者或者购买者提供该项技术相关的足够信息。所以，专利制度有助于知识主体间更方便地进行想法和技术的交换。

来自世界五个主要地区的研究反馈及高管访谈信息表明，80%以上接受访问的企业管理层人员都非常认可知识产权资产管理对企业成功的重要性（普华永道会计事务所，2007）。因此，在开放式创新的环境中，知识产权的本质和作用发生了转变。日益扩张的知识产权交易市场为企业交换和分享专利提供了渠道，促进了专利的流动，使得创新方法和技术的传播更加便利。德国科隆经济研究所（2006）曾预计德国技术和创新市场潜在交易值为 8 亿欧元。Gambardella 等（2006）研究表明，在他们所调研的行业中专利许可收益持续稳定增长，预测欧洲技术和创新市场交易将增长 50%。因而知识产权交易已成为开放式创新的关键影响因素，对创新要素的活跃度、创新人才的集聚度、技术的转移和转化都起着重要作用。

1.1.3 企业知识产权的运营水平有待提高

近年来我国的知识产权拥有量迅速上升。截至 2016 年 9 月，中国国内发明专利受理量累计为 569.5 万件，同比增长 37.7%；授权量累计为 142.3 万件，同比增长 44.3%，与 2000 年相比年专利数量已增长了 16 倍。另据 2017 年 6 月国家知识产权局发布的《2016 年中国专利调查数据报告》显示，在 2006~2016 年期间，我国专利实施率为 57%~75%。2016 年的专利实施率为 61.8%，分专利权人类型来看，企业的专利实施率最高，为 67.8%；分专利类型来看，外观设计的专利实施率最高，为 65.8%（参见表 1.1）。专利产业化率为 46%，企业的专利产业化率最高，为 51.5%；高校最低，为 3.3%（参见表 1.2）。中国目前的专利实施率和产业化率与美国、日本等知识产权发达国家相比还有一定的差距。

表 1.1　2016 年中国专利实施率　　（单位:%）

	企业	高校	科研单位	个人	总体
有效发明专利	65.7	16.2	29.2	46.1	52.9
有效实用新型	68.0	11.7	38.4	34.8	62.9
有效外观设计	69.1	10.1	60.9	55.6	65.8
合计	67.8	12.1	42.4	42.1	61.8

表 1.2　2016 年中国专利产业化率　　（单位:%）

	企业	高校	科研单位	个人	总体
有效发明专利	48.1	5.1	14.4	28.7	36.7
有效实用新型	50.6	3.1	20.6	22.0	46.2
有效外观设计	55.8	2.4	43.6	41.1	52.4
合计	51.5	3.3	25.3	28.0	46.0

和急剧上升的知识产权数量形成反差的是，我国大多数企业还未制定行之有效的知识产权运营战略，知识产权运营水平有待提高。根据笔者 2014 年对 329 家浙江省专利示范企业的调研数据显示，只有 31.1% 的企业设置了独立的知识产权管理部门，仅有 20% 的企业建立了完善的知识产权战略，49.1% 的企业没有进行过知识产权交易。浙江省专利示范企业的情况尚且如此，那么一般企业的情况可想而知。

在获得了专利等知识产权后，如何实现量变到质变，充分挖掘知识产权的价值是企业在创新过程中亟须解决的问题。IBM 前 IP 许可官菲尔普斯曾说过，知识产权最大的价值不在于成为抵制竞争者的武器，而是作为与其他企业合作的桥梁，促使企业获取成功所需要的技术和能力。在开放式创新的环境下，企业会更多、更主动地进行知识的溢出。知识产权是创新网络知识流动过程中一种重要的约束机制和利益调节机制。知识产权交易发展水平的提高，推动了知识产权从企业专用性资产向交易性资产的转变。封闭式创新模式下对知识产权进行严格控制的战略对大多数高科技产业都已经不再适用，企业开始意识到开放型知识产权战略的重要性，后者可能更易于使企业维持以技术为核心的竞争优势（唐国华和赵锡斌，2014）。Sawhney 和 Prandelli（2000）认为最大限度地发掘创新知识的价值反而是保护知识的最佳方式。对于知识的价值悖论，可行的解决办法不是"堵"而是"疏"，应将对知识存量的关注转移到如何提高知识的流量（Boisot，1998）。

虽然知识产权交易对创新的重要性已经得到了越来越多研究者和企业的关注，但是对于知识产权交易与企业创新绩效这两者之间直接效应的正负关系仍然存在着不少争议。例如，Lowe 和 Taylo（1998）认为专利许可交易行为能使企业形成更加多元化的知识结构，王元地等认为（2012）技术许可引进是中国企业建立研发投入的良性运行机制；但也有一些学者认为，通过交易的方式引进技术可能产生"挤出"效应，导致企业本身技术创新能力的减弱（Pillai，1979）。基于这些相互冲突的研究结论，本书认为知识产权交易与企业创新绩效之间并不是简单的线性关系。研究应该探寻知识产权交易与企业创新绩效的中间机制。同时，我们发现，在知识产权交易的实施过程中，企业对知识产权交易的需求与企业本身对知识产权交易的管理能力存在脱节。企业应该如何进行科学的知识产权交易决策、提升知识产权交易效率在已有的文献中鲜有提及。针对现有研究的不足和空白，本书拟研究的内容主要包括三个方面：①在理论层面，尝试打开知识产权交易与企业创新绩效之间的"黑箱"，探寻知识产权交易对技术创新的内在作用机理究竟是什么；②剖析知识产权交易与企业创新绩效之间的关系究竟是什么，并通过规范的实证分析来验证它们之间的关系。③在知识产权交易的实践层面，探讨企业实施知识产权交易过程中的关键决策有哪些以及企业如何进行科学的知识产权交易决策。

1.2 国内外研究现状

知识产权交易作为一个交叉研究领域，它与知识流动、风险投资、技术交易等领域的研究均有相关性，主要理论基础是创新经济学、制度经济学、博弈论、信息经济学等。最早的研究可追溯至科斯在 1937 年提出的"交易费用"思想、威廉姆森在 1979 年发表的经典论文《交易费用经济学：契约关系的治理》。20 世纪 80 年代以前大量的相关研究集中在发达国家和发展中国家之间的技术转移上。20 世纪 80 年代以后，政府出台了一系列促进技术转移的政策，竞争优势的获取和区域内技术转移成为学者们关注的重点。20 世纪 90 年代中期以后，随着技术交易所的建立和网络交易的盛行，融资模式、技术交易中微观主体的行为、公共政策对微观主体行为的影响开始引起部分学者的注意。同时，因为"信息不对称"等理论研究的推进，一些研究文献集中在交易的逆向选择和产权转移后的道德风险问题上，使得研究活动深入到交易活动的内部。

随着企业创新模式从封闭到开放的转变，外部知识网络逐渐成为企业创新的构成要素和驱动创新的一种组织方式（Huggins，2009；朱秀梅等，2011；蒋春燕，2011）。例如，缺少资金投入和社会资本是新创企业经常面临的难题，将产品成功引入市场的销售能力也是它们所缺乏的（Helm 和 Meckl，2004）。于是，新创企业往往会将知识产权直接出售或是与现有企业签订许可协议的契约来从技术创新中获得收益（Teece，1986）。研发成本的攀升使得越来越多的企业开始考虑将其专利组合中的"沉睡型"专利进行对外许可（Rivette 和 Klein，2000）。不断提高的知识转移效率和大量的知识源提高了大众的创新能力，搜寻和利用创新成果成为众创模式下企业的战略重点，而不是过去的筛选创意和实施研发（刘志迎等，2015）。

关于知识产权交易的途径与方式，近年来企业经营呈现的一种趋势是通过各种契约形式让外部组织利用它们的技术知识，例如对外授权、联盟、分拆和技术销售（Dodgson，2006；Lichtenthaler，2009）。专利联盟是解决专利丛林问题的主要机制（Shapiro，2001）。李岑（2008）提出知识产权交易的两种创新模式是知识产权信托和知识产权证券化。我国企业知识产权资本运营方式主要有知识产权融资、知识产权证券化、知识产权投资入股、知识产权信托等形式（冯晓青，2012）。经纪商交易、拍卖、专利组合交易、IP 外包服务等是美国知识产权交易市场上的主要类型（杨伟民等，2015）。关于知识产权交易的影响因素早期比较有代表性的研究是 Von Hipple 在 1994 年提出的黏滞信息理论。由于知识产权市场并非完全透明，识别和选择正确的受让者（或出让者）并非易事（Arora 等，2001）。专利制度的建立健全、风投机制的完善以及技术标准的统一化使得创意、技术的流动和交易成为可能（Dahlander 和 Gann，2010）。Lerner（2003）专门论述了风险资本与技术商业化之间的关系。信任、组织文化、信息通信技术、中介质量是知识产权交易的关键影响因素（Monk，2009）。袁晓东（2006）和李浩（2011）分别介绍了知识产权交易成本的构成、专利交易的定价机制。王智源（2010）指出价格竞争、供求均衡、垄断博弈、价值最大化等市场规律是组织间知识交易的核心因素。动态联盟内知识交易的风险主要有信息不对称、合作伙伴的诚信缺失、合作契约的不完备、知识产权方面的法律体系不够完善（闫威等，2009）。

1.3 本研究的理论价值与应用价值

综上所述，知识产权交易已成为企业实践开放式创新过程中的关键影响因素，并且受到了国内外学者的广泛关注。国内外学者对知识产权交易的途径方式、影响因素进行了初步探讨，为本研究提供了理论基础，但仍存在以下几方面的不足：①关于知识产权交易，现有研究多数为定性分析，缺乏深入的定量分析；②关于知识产权交易对技术创新的内在作用机理缺乏系统性分析；③针对知识产权交易某一方面影响因素的研究较多，而对知识产权交易影响因素进行全面分析的文献较少；④未能反映企业知识产权交易决策的复杂性。因此本课题的价值主要体现在以下两个方面。

（1）理论价值。传统的知识产权理论研究更多地是从静态的视角去分析企业应当如何提高知识产权的保护意识，防止侵权行为，而对于如何挖掘企业知识产权动态价值的知识产权交易较少涉猎。本研究以知识流动为中介变量解读了知识产权交易与企业技术创新绩效之间的关系，构建了基于知识产权交易主体、知识产权交易客体、知识产权交易环境三维度的知识产权交易影响因素理论模型；深入剖析了企业实施知识产权交易的决策过程，在一定程度上增强了现有理论研究的系统性。

（2）应用价值。当前创新模式已经从最初的简单线性模式转变成交互作用模式并逐渐演化为网络模式，企业创新所需的知识资源无法全部仅仅依靠企业自身来获得，知识资源的匮乏是创新过程中企业面临的重要难题。知识产权交易的实施可以有效地克服这一难题。虽然中国的知识产权拥有量在近年来有了显著提升，但是知识产权交易市场并没有实现和知识产权交易量的同步发展。不通过市场、非公开型的、局域化的交易模式在目前知识产权交易的实施中占比很高。造成交易量低、交易成本昂贵、交易市场局部分割的主要原因是交易标准和规则的缺位、交易环节不够便利。因此，如何创新和发展知识产权交易，提高交易效率，实现创新要素快捷、高效和低成本流动，降低创新创业的风险和成本，通过交易的方式将市场中的技术资本、金融资本与人力资本进行优化组合成为亟待解决的问题。本研究对知识产权交易影响创新绩效的机理、交易决策进行了客观的分析，为推动知识产权交易的实施、进一步提升我国技术创新效率提供了参考，具有很强的应用价值。

1.4　技术路线与章节安排

（1）技术路线

本研究的逻辑顺序如图 1.1 所示：首先，根据研究的现实背景和文献综述确定了研究的选题，以交易费用理论、委托代理理论、开放式创新等理论作为基础，逐层深入剖析了知识产权交易、知识流动、企业创新绩效之间的关系，提出了知识产权交易影响创新绩效的理论框架；其次，从专利引用的微观层面，利用国家知识产权局专利许可交易登记数据，结合德温特创新索引数据库中的专利申请、引证数据，采用零膨胀负二项回归模型，实证分析了专利许可引进与受让企业后续专利质量的内在关系；再次，在实践层面对企业实施知识产权交易过程的三个关键决策——知识产权交易战略、知识产权交易机制、知识产权交易治理结构的选择分别进行了探讨分析；最后，归纳了本研究的主要结论并提出未来的研究方向。综上所述，本研究的内在逻辑是从理论建构到实证分析再到实践层面的探索。

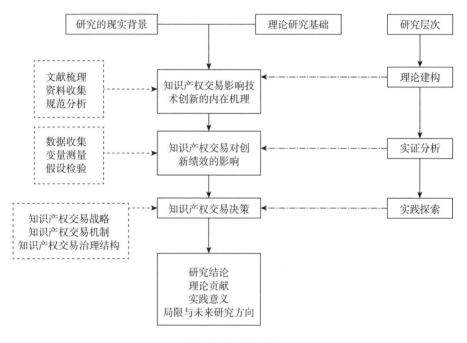

图1.1　技术路线图

（2）章节安排

根据上文技术路线图所描述的内在逻辑推进，本书总共由7章构成，每一章的具体内容如下（见图1.2）。

第1章为绪论。绪论部分主要介绍了本书的研究背景以及国内外研究现状，在此基础上指出了目前理论研究的不足之处、本书研究的理论价值和应用价值，绪论部分还借助技术路线图对本书的章节安排作出了说明，并且论述了本书所采用的研究方法，归纳了主要的创新点。

第2章为文献综述。本章首先对知识交易、知识产权交易等基本概念进行了界定和说明；然后梳理了知识产权交易相关的经济理论、开放式创新、知识产权交易等国内外文献；最后在概要小结前人已有研究成果的基础上，进一步明确了本研究的研究视角和切入点，为后续章节的研究开展奠定了理论基础。

第 3 章为知识产权交易影响技术创新的内在机理分析。本章首先分析了知识产权价值的分类、实现过程；然后构建了以内向整合型和外向授权型知识流动作为中介变量，企业学习吸收能力为调节变量，基于知识产权交易主体、知识产权交易客体、知识产权交易环境三维度的知识产权交易影响创新绩效机制的概念模型。

第 4 章为知识产权交易对创新绩效影响的实证研究。本章首先从变量的测度、数据的来源与样本选择、统计分析方法等方面对研究设计作了详细的阐述；接着基于中国专利许可备案数据、专利申请、引证数据，采用零膨胀负二项回归模型分析了许可经历与企业专利质量的关系；在基准回归模型的基础上还进行了去除自引专利后的稳健性检验、高引用和低引用专利的分组回归稳健性检验。

第 5 章为企业实施知识产权交易过程中的决策分析。本章针对交易过程中企业面临的三个关键决策展开了相应的分析：哪些知识产权需要通过交易的方式来获取或运营？应该选择何种交易机制？是否需要中介的参与？本章首先简要介绍了企业实施知识产权交易的基本流程，接着针对每个阶段的决策分别介绍了知识产权交易战略、知识产权交易机制、知识产权交易治理结构三方面的内容。

第 6 章为国外知识产权交易服务公司商业模式研究。国外知识产权交易起步比中国早，随着知识产权交易市场的发展，出现了和知识产权交易有关的各类知识产权服务公司，在一定程度上克服了技术市场失灵，促进了创新要素的交易。这些公司在促进知识产权交易方面扮演着越来越重要的角色。本章对国外知识产权交易服务公司的五种类型——传统的知识产权管理支持、知识产权交易服务、知识产权组合构建和许可、建立防御型专利组合/知识产权分享框架、基于知识产权的金融服务进行了深入分析。

第 7 章为研究结论与启示。本章首先归纳了本研究的主要研究结论；接着阐述了本研究的理论价值以及对实践的启示意义；最后概括了研究过程中的一些不足之处，在数据样本、研究视角、研究方法方面存在的局限性，并对未来可进一步挖掘的研究问题进行了展望。

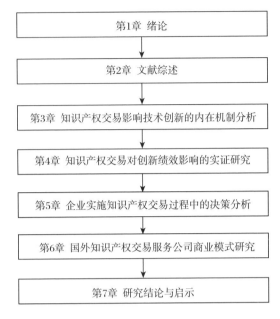

图 1.2　本书章节内容安排

1.5　研究方法

本研究主要采用了定量与定性研究相结合的方法，具体的研究方法如下。

（1）文献研究方法

为了深入了解知识产权交易与创新绩效之间的关系，本研究首先对交易费用理论、委托代理理论、开放式创新等相关领域的文献进行了梳理，在深入阅读、归纳和总结文献的基础上，对开放式创新中知识产权交易对创新绩效的影响等问题进行了理论探讨，构建了以知识流动为中介变量，企业学习吸收能力为调节变量，基于交易主体、交易客体、知识产权交易环境三维度的知识产权交易对创新绩效作用机制的理论模型。

（2）多案例研究法

根据知识产权交易中介的不同商业模式，对知识产权拍卖商、知识产权交易网上市场、专利池管理服务商等案例进行分析，深化了对知识产权交易市场体系的理解。

（3）定量实证研究

专利许可交易是知识产权交易的最常见类型。中国国家知识产权局专利许可登记备案数据库是目前世界上唯一公开记载技术许可详细信息的数据库。所以将专利许可交易作为知识产权交易定量研究的切入口，基于国家知识产权局专利许可交易登记数据、德温特创新索引数据库中的专利申请及引用数据，本研究构建了零膨胀负二项回归分析模型，利用 stata 软件进行了定量分析。

1.6　本研究的创新点

本研究将"知识产权交易如何影响企业的创新绩效"以及"企业如何在知识产权交易过程中进行科学的决策"作为核心研究问题，结合文献研究、案例研究以及实证数据分析对现有的研究进行了深化和拓展。本研究的创新点主要体现在以下两个方面。

一是增强了现有理论研究的系统性。深入剖析了知识产权交易对创新绩效的影响机制，构建了知识产权交易（交易主体、交易客体、交易环境）—知识流动（内向整合型、外向授权型）—创新绩效的概念模型；对企业实施知识产权交易过程中的三个关键决策——知识产权战略、知识产权交易机制、知识产权交易治理结构分别进行了细致的探讨。

二是弥补了知识产权交易现有研究缺乏深入定量分析的缺陷。首次从专利引用的微观层面实证探讨了专利许可引进与企业专利质量的内在关系，使知识产权交易对创新绩效的影响有了更客观的评价，对进一步提升我国企业的专利质量具有实践指导意义；同时从专利计量学的角度，对原有专利的前向引用统计公式进行了修正和改进，从单个专利扩展到了对专利家族专利质量的测度；实现了对当前引用次数为零的专利进行全生命周期引用次数的预估；根据与许可交易专利之间的关系，对专利受让者后续所申请专利的后向引用进行了详细的分类，为以后相关的数据分析提供了启示。

第2章 知识产权交易的理论源泉与研究回顾

2.1 相关概念的界定与说明

2.1.1 知识交易的内涵

哈耶克（1945）在他的代表作《知识在社会中的应用》中认为：自由社会能够通过价格体系有效地利用陈述性知识和实践性知识，这是自由社会的经济优势。学者们对知识交易的内涵有不同的描述。例如，李玉峰（2003）认为知识生产论、劳动论、价值论和流通论构成了知识经济学的理论框架，应该将"知识市场与知识交易"作为流通论的研究内容，但他并没有对"知识交易"给出明确的定义。金祥荣和朱希伟（2001）认为图书是知识的一种载体，图书交易的实质是知识交易。夏火松和蔡淑琴（2002）认为企业内部有两类知识主体，即知识需求方和知识供给方，知识交易存在于企业内部知识市场，通过知识交易可以实现知识需求方和知识供给方之间的知识转移。知识交易有自发式和管理式（戴俊和朱小梅，2004），通过知识交易实现了知识共享，知识交易的动力在于给交易双方带来正的效用。效用的实现途径主要有"软货币"（信任、剩余和互惠）和"硬货币"（奖金、期权、职务提升）两种。应力（2001）认为知识共享是知识交易的基础，企业内部知识交易有三种类型：管理直接交易、管理参与交易、管理不参与交易。周波（2008）认为经济系统的知识生产和科学系统的知识生产存在本质上的差异。周波专门提到经济系统中隐性知识交易的观点，比如我国传统生活中的师徒关系，师傅教徒弟手艺（知识），徒弟无偿给师傅做事，这其中徒弟应取得而未取得的报偿就是师傅所授知识的价格；再如，加盟企业向领导企业缴纳的加盟费，部分包括了领导企业自身掌握的商业知识的价格。

2.1.2　技术交易的定义

技术包括法律认可的专利、未经专利化的专有知识或无法专利化的技术，以及有形商品所包含的技术和熟练劳动（Helleiner，1990）。我们也可以把从产品研究开发到销售的过程中所应用的所有知识理解为技术（OECD，2009）。从技术所有权的角度来看，技术诀窍（Know-How）、技术档案（Know-Why）、专利技术构成了技术的三大类型（郭亮玺，2006）。基于市场化的手段，技术供给方和需求方进行交易的契约行为可视为技术交易，交易的客体有技术使用权、所有权和收益权（董正英，2003；李铭，2008）。刘学（2001）对技术交易和技术转移这两个容易混淆的概念进行了辨析，技术拥有者把其技术转移给技术使用者的过程即技术转移，技术转移根据转移的方式可分为两种：商业性的有偿转移和非商业性的转移，其中商业性的转移即技术交易。

2.1.3　知识产权与知识产权交易

技术交易具有激励性和排他性的特征，它背后的支撑制度即知识产权制度。知识产权制度还降低了技术交易中交易买方和卖方的各种成本，例如合同设计、谈判和监督成本等（Williamson，1996；North，1990）。虽然知识产权的制度框架并不完善，但它的存在使技术成为可交易的商品，并提高了交易的效率（Bessy，1998）。知识产权（Intellectual Property）更多地是一个法律术语，它的本意就是知识（财产）所有权，有时也称为智力成果权。

在社会实践中，人们在科技、文化、教育、艺术等精神领域创造出了丰硕的知识产品（智力成果）。为了保护创造者的劳动成果，更为了保护这些知识产品，国家从法律上赋予创造者一些权利。创造者依法享有的这些权利，就是知识产权。它包括专利权、商标权、商业秘密权和版权（著作权）等。一些常见知识产权的专利要求、许可期限与保护内容如表 2.1 所示。

表 2.1 知识产权的许可期限与保护内容

知识产权名称	法律要求	许可期限	保护内容
发明专利权	新颖性、实用性及创造性	申请之日起 20 年	制造、使用、销售该产品或工艺
实用新型专利权	外观或结构新奇	3~10 年（各国不同）	类似实物
工业品外观设计专利权	工业上原始的装饰性设计	1~25 年（各国不同）	类似设计
植物品种权	无性繁殖或种子繁殖的植物品种	申请之日起 20~25 年	植物的再繁殖
版权	原始文字、艺术作品或软件	作者有生之年及死后若干年	表达方式的复制
商标权	商业应用和注册	无限期	混同、仿造
商业秘密权	新颖，仍处于保密状态的专业秘密	无限期	派生物

　　进一步来说，知识产权就是指权利所有人对其所创作的知识产品（智力劳动成果）拥有的专属权利，如占有权、使用权、处分权和收益权。然而在通常情况下，知识产权具有很强的时效性，只在一般期限范围内有效。如专利权，专利权人假设不在规定时间内继续缴纳专利费，就无法继续拥有该专利权。此外，从属性上看，知识产权还具有知识性、创新性、法律性和财产性。

　　综合现有对知识产权交易内涵的研究，可以看出，存在广义和狭义两种说法。狭义的知识产权交易强调的是知识产权的转移，最为常见的是许可使用或转让。如我国的《著作权法》第三章就对著作权许可使用和转让合同作了专门规定。广义的知识产权交易范围则大得多，除了上述许可使用、转让外，有关知识产权的质押、信托、出资、证券化等行为都被视为知识产权交易。"部分性"是广义知识产权交易概念的最大特点，即它交易的是知识产权的部分权利。

　　本研究采用广义说的观点，所谓知识产权交易，就是通过知识产权所有权和使用权的转移来获取经济收益的契约行为。我们不仅可以从知识产权交易的传统视角来研究知识产权交易问题，例如著作权转让和许可使用，更要探寻其他新兴的知识产权交易方式，全面了解知识产权交易的内涵，推进知识产权交易向深度、广度发展。

现有研究很多会将知识产权交易与知识交易、技术交易弄混。其实，它们之间既有交叉，又有不同。首先，交易的客体不同。知识产权交易的客体是知识产权，包括专利、版权、商标等。而知识交易和技术交易的客体除了版权、专利化的知识和技术，也包含未经专利化或者不能专利化的知识和技术。其次，交易的定价基础不同。知识产权交易、技术交易两者定价的基础是因为交易过程中的权利转换获得了相应的市场机会，这种机会所对应的期望收入；知识交易的定价基础是消费者对于该知识的效用评价（周波，2006）。

2.1.4　知识流动及相关概念辨析

从企业技术战略的角度来分析，知识扩散、吸收、扫描和解决问题是知识流动的四个阶段（Boisot，1995）。首先是知识扩散阶段，技术领先企业会有意识地培养一些技术跟随者，它们选择部分技术进行扩散；接着是知识吸收阶段，技术跟随者把技术领先企业的技术知识进行学习吸收，但是通常大部分知识是比较过时的一般性知识，很难学到核心知识；然后是知识扫描阶段，不同的跟随者根据对知识的不同理解，将扩散的知识与企业自身已有的知识相结合，发现了新的知识，这些新知识又成为企业的隐性知识，用来解决第四阶段中实际遇到的一些问题。这四个阶段呈环状发展，由此可以不断提升行业的知识量，形成良性循环，最终实现企业技术水平的提升和产业规模的扩大。谢守美（2009）认为在知识生态系统中知识流动是指在知识主体之间以及他们与外部环境之间的知识交流。知识流动的过程大致可分为知识生产、知识获取、知识组织、知识传递、知识共享与创新等五个阶段。不同学者对知识流动的理解存在差异。华连连（2010）分析了知识流动不同概念定义的共同之处：知识流动过程中都存在知识发送者和接受者，但是主体可能是个体，也可能是团体和区域；知识流动不是简单意义上的知识流转，它倡导的是将知识重新组合，推动知识创新。华连连还重点提到，知识的流动需要一定的外界条件和重要的影响因素，不能自发产生。

与知识流动相关的概念在现有研究中比较多，诸如知识扩散、知识转移和知识溢出等，不少研究者常会将这些概念混为一谈。郭琳（2012）对此进行了详细辨析，认为知识转移、知识溢出、知识扩散三者都属于知识流动，只不过是知识流动不同的表现方式而已。其中，知识转移属于知识流动的高级形式，是有意识地发生、主动产生的知识流动和吸收过程，要转移的内容对知识源和知识受体来说都非常明确，转移的路径明确，并且更强调技术等显性知识的转移（李宇瑾，2015）；知识溢出是被动的知识流动，纯知识溢出通常是没有方向的，往往是在知识源无意识的情况下发生的（娄策群，2007）；知识扩散是主动的知识流动，通常是在互动合作过程中知识主体之间发生的，是知识源对知识的有意的传播。知识扩散对知识源的要求较高，需要有足够的知识量，处于知识的高势位，并且要具备主动扩散知识的动机（Boisot，1995）。本研究所关注的知识流动专指在知识产权交易过程中所产生的知识流动，既包括技术等显性知识的流动，也包括技术诀窍等隐性知识的流动。

2.1.5 创新绩效

创新理论最早是由美籍奥地利经济学家熊彼特在 20 世纪 30 年代提出的。他认为创新是生产要素与生产条件的组合，并提出了创新的五种方式，这些方式涵盖了企业技术创新、商业模式创新、组织创新、管理创新等方面。狭义的创新绩效指的是应用新产品、新技术、新设备的比率（Freeman 和 Soete，1997），而广义的创新绩效是指一个创意从产生到实现产品的研发、生产、最后投放市场的全过程（Ernst，2001；陈劲和郑刚，2009）。本研究中创新绩效主要指的是技术创新绩效。学者们用来衡量技术创新绩效的主要指标包括：新产品开发周期、新产品的产值占销售总额的比重、创新产品开发的成功率、年新产品数、年申请专利数。

2.2 知识产权交易的经济理论溯源

经济学研究的触角在当今理论界已经伸展得十分广泛，形成了较为成熟的研究体系。不过，纵观其理论体系，有关知识产权交易的专门研究却并不多见，仅有的研究多是围绕产权如何界定、如何保护、制度如何变迁等内容而进行的。以下几个方面的知识为本书的研究提供了理论支撑。

2.2.1　交易费用理论

科斯被称为新制度经济学的鼻祖。他在著作《社会成本问题》中论证了科斯定理一、科斯定理二及推论（内容如表2.2所示）。

表 2.2　科斯定理的主要内容

科斯定理	理论内容
科斯定理一	在交易费用为零的情况下，不管权利如何进行初始配置，当事人之间的谈判都会导致这些财富最大化的安排
科斯定理二	在交易费用不为零的情况下，不同的权利配置界定会带来不同的资源配置
科斯定理二推论	因为交易费用的存在，不同的权利界定和分配，会带来不同效益的资源配置，所以产权制度的设置是优化资源配置的基础

科斯定理的一大贡献在于确立了产权的重要性。因为只有产权清晰了，一方面才能够确定由谁向谁支付相应的费用，另一方面也使得产权本身可以作为交易客体参与市场交易活动。此外，产权的合理界定还有效减少了外部效应的不利影响。这是因为在许多时候，市场要么无法给外部效应定价，要么是定价费用太高从而导致市场失灵。因此，王智源（2010）认为，产权的明确帮助组织之间克服了自身障碍，从而得以开展知识产权交易。

科斯（1937）在其文献《企业的性质》中提到了另一个重要的概念：交易费用。现在，交易费用已经被视作新制度经济学最基本的概念。按照科斯的观点，交易费用包括：度量、界定和保障产权的费用，发现交易对象和交易价格的费用，讨价还价、订立合同的费用，督促契约条款严格履行的费用等。对于参与交易的主体来说，都会努力追求节约交易费用，因此采取了诸如优化交易流程、加强合同管理、降低交易风险等一系列行之有效的措施。

不同学者尝试了不同的方法来测度交易费用，详见表2.3。

表 2.3　交易费用的测度

时间	学者	方法描述	主要贡献
1952	Samuelson	冰山交易成本	从交易效率的视角来度量交易成本
1971	Hahn	引入商品运输函数	通过运输函数展现了交易的条件

续表

时间	学者	方法描述	主要贡献
1985	Wallis	通过比较不同的合同来估计各自的交易费用	减低了交易费用计量上的困难
1986	North	将整体经济活动划分为交易活动和生产转换活动	通过对交易活动相关资源耗费的加总来大致估计交易费用
1998	Benham	提出交换成本的概念	对交易费用的认识更加具体全面
2000	张五常	比较了特定类型的交易成本，并证明在任何时候都能得到相同的观察结论	通过间接的方法对交易费用进行了测度
2001	Eigen – Zucchi	估计了经济体一般交易价格指数和交易效率水平	发现交易价格指数下降或交易水平提高是经济发展的重要推动力

　　Williamson（1985）在著作《资本主义经济制度——论企业签约到市场签约》中谈到，资本主义经济组织的最主要目的就是节约交易费用。他认为当某种产品或服务从一种技术边界向另一种技术边界发生了转移即交易，交易费用指的是转移过程中的"摩擦"。例如冰块的出售，买方和卖方因为对价格存在争议而讨价还价，在交易完成前冰块融化的成本即交易费用（周波，2006）。Williamson 的理论也被称为"交易成本经济学"。传统产权和委托代理理论主要关注的是交易的前端，而交易成本经济学对交易的后端即合同的治理结构进行了探索。经典论文《交易费用经济学：契约关系的治理》提出可以用交易的不确定性、资产专用性、交易发生的频率这三个维度来定义一个交易（Williamson，1979）。其中资产专用性指的是投入某一特定的交易关系的资本或人力资本被锁定的程度。一旦要打破既有关系或制度规则，专用性资产将付出巨大的转置和退出成本，产生"套住"效应。

　　知识产权的资产专用性在知识产权交易中影响很大。原因就在于知识产权的"知识性"，因为这就是一种资产专用性。在整个交易活动期间，它限制了交易双方必须在事先约定的契约环境下进行交易；任何一方若想更改契约甚至退出交易，受这种专用性的牵制，更改是相当困难的。如果假设交易的不确定性的程度已知，那么根据后两个维度可将交易分为六种类型，详见表2.4中的示例。

表 2.4　交易的分类及例子

		投资属性		
		非专用	混合	高度专用
交易频率	偶然	购买标准设备	购买定做设备	建厂
	经常	购买标准原材料	购买定做原材料	购买中间品，其需要经过各不相同的车间

　　针对不同的交易类型，Williamson 探讨了不同的治理结构。第一类，在偶然交易情形下，如果是非专用投资，交易客体是确定的、标准化的，交易双方很容易通过已有经验作出科学的交易决策，并且这种决策的风险是非常小的。因为即便买方事后对交易产生不满意，也可以较为容易地将交易内容再次转递出去，交易难度低，交易成本小。在这种理想情况下，"市场治理"是非常管用的。随着不确定性的增加，投资专用性程度越来越高，仅靠市场治理难度就非常大了。此时，"三方治理"产生了。所谓三方治理，就是除了交易双方以外，还需要借用第三方的力量来化解双方之间的交易纠纷。

　　第二类，在经常交易情形下，当非专用投资出现时，市场治理依然可以发挥良好的作用。而如果投资呈现出混合性，受规模经济的影响，交易双方很难实现一体化，双方仍需按照各自的战略寻求自我发展。但为了维持双方合作，通过关系型合同可确保交易继续进行下去。Williamson 将这种治理模式称为"双方治理"。当专用性继续提高，达到高度专用模式的情况下，交易双方就会努力实施纵向一体化，双方间的组织壁垒被彻底打破，外部的"交易"将不再存在，代之以同一组织内部的运营管理。Williamson 称之为"统一治理"。

　　综上，不同类型交易的治理结构见表 2.5。

表 2.5　不同类型交易的治理结构

		投资属性		
		非专用	混合	高度专用
交易频率	偶然	市场治理	三方治理	
	经常		双方治理	统一治理

　　高汝熹和周波（2008）在 Williamson 的研究框架基础上提出了知识交易的有效治理模型，如表 2.6 所示。

表 2.6 知识交易的有效治理

信息不对称强度		交易频率	
		频繁	偶然
信息不对称强度	高	关系治理	统一治理
	低	市场治理	

其中"知识交易频率"指的是一个特定的消费者可以多次向同一个知识提供者采购不同的知识，即提高交易频率（这里的交易频率就可理解为知识拥有者和某一个特定消费者之间展开的交易总次数）；一个知识拥有者向不同的消费者提供同一项知识同样可视为提高了交易频率（假设不同消费者之间可以进行完全的交易信息共享），这样长期关系就变得重要，建立专门治理结构的成本可以获得分摊。

2.2.2　委托代理理论

委托代理理论最初源于 20 世纪 40 年代，在 20 世纪 70 年代引起了理论界和实业界的重视，将它用于分析社会领域中的各类委托代理问题（陆建新，1995）。企业管理理论是委托代理理论的基础。在 19 世纪中期以前，在社会经济中占有主导地位是私人企业主。他们同时具备企业所有者和经营者两种身份，不存在委托代理关系。社会经济的发展提升了生产专业化与社会化的程度，企业规模变得越来越大，企业与市场的关系日趋紧密，环境的改变促使企业经营者必须具备市场经济意识，掌握专业技术知识，而且还要懂经营管理才能适应新时代的要求，才能实现对企业生产经营的卓越管理，在激烈的市场竞争中立于不败之地，使企业利润达到最大化。新兴的职业经理角色正是在这种经济发展形势下应运而生，担当起原有企业所有者的代理人。正是企业所有权和经营权的逐步分离催生了委托代理关系。

委托人如何通过合适的契约设计（补偿系统）来驱动代理人的积极主动性是委托代理契约理论的核心内容（Ross 等，1973）。委托人与代理人之间的信息不对称是标准委托代理模型建立的基本前提，Mirriees 等（1976）通过"分布函数参数法"和"一阶化"方法建立了标准的委托代理模型。他们认为代理人行动的结果是由其行动和其他因素的共同作用下产生的；委托人不能直接观察到代理人的行动过程，能够看到的只是代理人的行动结果。在市场声誉模型中，如果委托人根据代理人以往的工作业绩来估计他未来的表现，那么显性的激励机制会成为多余（Fama 等，1980）。Radner 等（1981）在动态博弈理论的基础上构建了不同阶段的委托代理模型。

2.2.3　产权交换理论

在马克思经济学中，与交易类似的概念是交换。交换就是人类不同的劳动生产物即商品之间的互换，互换的基础是商品所包含的社会必要劳动时间相等。按照马克思的理论，知识具有使用价值——"体验类"知识可以满足求知欲和好奇心，"资本类"知识可以改变其他生产要素的效率，这使得知识具有交换的基础。同样，知识的生产和转移过程无疑要消耗人类体力和脑力的活动，转移过程的劳动消耗主要体现在克服转移阻力（或者屏蔽转移噪声）的努力上，知识的生产和转移包含一定的社会劳动量，这使得知识具有交换价值。交换价值是商品的本质属性。马克思认为交换价值表现为一种使用价值同另一种使用价值相交换的量的关系或者比例。

康芒斯是 20 世纪 20 年代在美国兴起的老制度经济学学派的集大成者。他认为交换是移交和接受物品的过程，或移交和接受一种"主观的交换价值"。他用交易观替代交换观。他认为交易是人类社会中的最小单位，交易应该成为经济学、法律、伦理学共同的研究基础；认为交易并不简单地就是物品的交换，而是一组合法控制权的转移，而所有权和物质实体并不是一个东西。康芒斯的工作使得经济学研究的视角从有形的实体或者人与自然的关系转移到了人与人之间的关系的研究，即权利（所有权）的研究。

在康芒斯的理论框架下，交易有了更详细的定义：交易不是实际货品那样的交换，而是个人与个人之间对于物质的未来所有权的交换。交易过程需要按照社会的规则预先进行谈判。所有的交易包含三种关系：冲突——由于稀缺的缘故，各方卷入利益冲突；依存——把对方需要而没有的产权进行让渡的必要；秩序——合乎程序，符合契约规定。

Harold Demsetz 在科斯的基础上对交易费用与产权的关系进行了深层研究和探讨。1964 年，他重点分析了产权在交换和行使过程中的交换费用和维权费用，研究了市场和政府公共政策对于产权交易的影响。受此影响，王智源

（2010）提出，在研究知识产权交易问题时，既要考虑其市场机制，又要关注知识产权交易的公共政策。

2.2.4　信息不对称理论

信息不对称理论是由 George Akerlof 等三位美国经济学家（1970）创立的。该理论认为：卖方通常会比买方掌握有关商品的更多信息；在市场交易中，掌握商品信息多的一方通过向对方传递信息，可以从中获得收益。张维迎 1996年在其著作《博弈论与信息经济学》中根据不对称性发生的时间和内容对信息不对称性进行了分类整理（详见表 2.7）。

表 2.7　信息不对称性的分类表

角度	类型	起因	对交易的影响
时间	事前的信息不对称性	发生在签约之前	逆向选择问题
	事后的信息不对称性	发生在签约之后	道德风险问题
内容	外生性	技术本身的特点	交易需求产生的基础和前提
	内生性	对双方行为监督的困难	决定了达成交易合约和履约的难度

在知识产权交易过程中，同样存在信息不对称。而且，由于知识产权的特殊性，它在交易过程中所产生的机会主义行为要远远超过传统的商品交易。原因就在于和一般商品相比，知识产权的信息修改非常简便，交易的收益会因为这些篡改或隐藏而改变，却难以被人发现（孙雪涛，2010）。

1969 年，Arrow 提出信息转移与沟通成本是技术扩散的两大影响因素。此后，Teece（1977）将国家间的技术转移分成物化和非物化两种类型，在此基础上专门研究了跨国公司的技术转移成本。按照他的研究，所谓物化的技术转移，是指在机器设备和设计图纸等实物基础上发生的转移；而在物化转移的同时必然会需要一些信息传递来确保它的有效转移，例如组织方法、操作流程等非物化的相关信息。技术转移最终是否成功常常取决于非物化技术转移的效果。所以，在物化技术转移过程中因非物化技术的传递而消耗的成本可视为技术转移成本。

Teece（1982）在论文《企业多角化的经济理论》中，分析了绝大多数的企业知识为隐性知识。流动性是企业知识的一大特征。也就是说，对于企业生产来说，这类知识是通用的，也是共用的，典型的例子就是管理类知识（周波，2006）。当企业经营的时间越长，知识的积累就会越丰富，知识成了企业的一种冗余资源（Excess Resource）。这些冗余资源无法由市场直接促成交换，主要的制约因素是：①蕴含在知识中的隐性部分难以转移；②找到合适买家的机会少；③技术价值评估难度大；④团队支持不可或缺。Arrow（1971）提出了"根本悖论"（Fundamental Paradox）的概念：买家无法在不知晓信息的情况下来判断它的价值，但是如果他知晓了该信息，则相当于免费获得了该信息。

Arrow 所提出的"根本悖论"中，买卖双方都存在一定的机会主义。一方面，买方会因为卖方机会主义而受到损害，例如卖方将旧的知识伪装成新的知识，增加知识产权的预估值等。为了索取"二次价格"，知识产权交易中的一些重要信息被刻意隐瞒，例如隐瞒已经转让的地区与次数、转让的方式，违背事先的约定扩大一些存在竞争性知识的交易规模。另一方面，卖方同样会因为买方机会主义而受到损害，例如买方故意缩小知识产权的实际效用，否认获得的收益作为拒绝付费的理由；或者故意夸大知识产权的瑕疵，威胁卖方提供更多的服务或压低交易价格；不经卖方允许，擅作主张将知识产权转让给其他买方。

许多研究发现，信息不对称行为加剧了交易双方收益与成本之间的矛盾关系。无论买方还是卖方，都想要知晓对方所隐瞒的行为或信息。这种愿望虽然可以实现，但收集信息、分析数据等肯定要花费时间、金钱成本，这时候就需要权衡收益和成本的关系（孙雪涛，2010）。在合作交易过程中不可避免地存在"逆向选择"和"道德风险"（张凤香和黄瑞华，2004），因此需要测算监督活动本身的成本收益。同时，许多人通过"搭便车"行为无偿利用了他人的知识产权，这种投机行为会导致他们更加不愿投入经费去增加自己的信息储备。比如，在盗版流行的环境下，人们可以极低的价格买到各类音乐、影视光盘，自然不会花高价购买正版光盘。何况有时候即使花费了成本搜取信息，结果也收效甚微。因此买方搜集信息来达成交易的积极性大大降低了。由于买卖双方存在的高度信息不对称，权威而有经验的中介变得炙手可热（Howard，2005）。Mishra 等人（1998）运用信息不对称理论对委托代理关系在专利技术交易中的应用情况进行了分析，研究结果显示，企业之间的相互联系和沟通有助于减少道德风险，对交易双方均有好处。

余洪（2004）探讨了知识产权与信息共享二者之间存在的关系，认为必须要调整知识产权所有人利益与国家利益、社会利益之间的统一关系。这样既可以保护产权人的合法利益，又可以推动国家进步和社会发展。黄瑞华等（2004）对如何减少逆向选择问题负面影响提出了一些可行措施。

此外，还有学者关注到了网络经济下的知识产权交易呈现出的一些新特点。他们认为，网络环境为知识产权消费者提供了更大、更多的便利条件，同时知识产权交易固有的一些特性却并未消失。这些矛盾如何解决，也为理论和实践界提出了新的课题。

2.3 开放式创新相关文献综述

2.3.1 企业实施开放式创新的背景

在 20 世纪 80 年代，大部分企业采用的是垂直一体化的创新模式——封闭式创新，即在企业内部研发产品、开展创新活动（Ahlstrom，2010；March，1991；Wyld，2010；Wyld 和 Maurin，2009）。在这种模式下的创新活动与外界的互动是非常有限的。

但是自 20 世纪 90 年代以来，情况开始有所变化，企业创新模式逐步走出了自己的"密闭空间"。原因主要体现在以下几个方面：一是技术人才流动成为普遍现象。这是最重要的一个原因，同时也是一把双刃剑。一方面，企业员工的忠诚度越来越低，企业"拴心留人"的工作越来越难做；另一方面，企业以外的人才为我所用的难度也越来越小，人才的利用效率大大提高。二是产学合作更加紧密。这里既有企业"拉"的作用，因为高等院校、科研机构的学术研究能力确实比一般企业强得多，企业有此类需要；同时这些学术机构也愿意通过产学合作，达到获得经费、锻炼人才的目的。三是风险投资的井喷式发展。如今的风险投资公司并不是单纯只具有资金优势，同时它们还造就了大批的科学技术人才，使得企业获得投资和人才支持更加容易、力度更大。四是全球一体化的格局已经形成。经济全球化的浪潮迫使任何一个国家或地区都不能关起门来搞建设，必须以开放的眼光看待创新，努力参与创新，否则很难获得大的发展。五是产品生命周期大大缩短。当前，技术的发展、研发投入的加大使得产品的生命周期异常短暂。任何一个企业，不仅要拼创新产品，还要拼创新的速度（杨武，2005）。因此，封闭式创新的思维逻辑变得不再适用，原有的"研发事业投资→基础性技术突破→通过现有企业模式获取高额利润→追加研发投资"的"良性循环"被打破。为了丰富企业内部的知识存储，不同产业领域的企业都更加重视外部技术的吸收和应用，例如通过许可、战略联盟等方式来取得外部知识（Teece，1986；von Hippel，1988；Lupton，2009；Cassiman 和 Veugelers，2006）。类似的发展趋势也出现在知识利用方面。企业开始积极对外推销它们所拥有的技术知识，通过单纯性打包出售、进行外部许可、建立战略联盟等方式让其他企业使用自己的技术。这样企业既可以获得收入，也可以获得其他的益处，例如使用交叉许可方式拓展了寻求外部技术的机会（Gassmann，2006；Grindley 和 Teece，1997）。

为了加速内部创新以及扩大创新市场，实施开放式创新的企业有目的性地利用知识流入与流出的过程（Chesbrough 和 Vanhaverbeke 等，2006）。在开放式创新模式下，企业可以同时使用外部和内部两种市场通道。企业内部的创意除了由企业自己实现市场化以外，也可以不限于企业已有的业务领域，使用外部途径实现市场化，来获得超额利润（Chesbrough，2003）。企业可以通过承担外部项目、加强合作研发、推进技术许可等方式从外部获得创新资源（见图 2.1）。国内学者陈劲（2006）在此基础上，对这一模型进行了改进，增加了"领先用户"和"供应商"这两个重要指标。

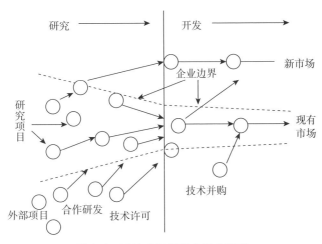

图 2.1　开放式创新模式形成机理

资料来源：Chesbrough，2003.

封闭式创新、合作创新以及开放式创新的特征比较详见表2.8。

表2.8　不同创新模式的特征

类别	封闭式创新	合作创新	开放式创新
创新来源	内部研发	内部研发为主，合作伙伴间部分资源共享	内部研发和外部创新资源并重
外部技术环境	知识贫乏	知识较为丰富	知识丰富
与其他组织的关系	竞争	竞合	分工协作
组织边界	完全封闭	合作伙伴间边界可渗透，对外封闭	边界可渗透，动态开放
创新组织方式	完全封闭	内部纵向一体化，强调合作	垂直一体化，动态合作

2.3.2　开放式创新的分类

目前关于开放式创新分类的研究不多，综合来看，一类是两分法，另一类是四分法。所谓的两分法，就是根据知识流动的方向，将其分为内向开放式创新（Inbound Open Innovation）和外向开放式创新（Outbound Open Innovation）（Chesbrough 和 Crowther，2006）。在此基础上，根据是否涉及经济交易的维度，Dahlander 和 Gann（2010）给出了一个四分法的概念，内向开放式创新进一步分为内向整合型（Acquiring）和内向获取型（Sourcing），而外向开放式创新则细分为外向释放型（Revealing）和外向授权型（Licensing）（见表2.9）。

表2.9　开放式创新分类表

	内向	外向
经济交易	整合	授权或出售
非经济交易	获取	释放

（1）内向开放式创新

企业外部创新资源的意义、具体方法和影响因素是近年来内向开放式创新领域研究的主要议题。Laursen 和 Salter（2006）研究了开放式创新的开放度，具体包括开放广度和开放深度。其中开放广度更多地是从范围上来说的，如企业上下游的产品使用者、供货商、投资机构等；而开放深度主要是从纵深方向上来说的，如能否利用知识挖掘出更多有价值的信息。陈钰芬（2008）在 Laursen 和 Salter 的研究基础上，重点研究了不同企业类型开放度和创新绩效的关系。作为研究对象，企业又被分为科技驱动型企业和经验驱动型企业。陈钰芬的研究主要证明了科技驱动型企业的开放度与创新绩效之间存在倒 U 形关系，而经验驱动型企业的开放度和创新绩效之间只存在正相关关系。

一些学者还谈到不同类型的外部创新源问题。Belderbos、Carree 和 Lokshin（2006）发现无论是何种类型的外部创新源，都只是企业创新发展的"外因"。对于企业来说，并不是万能的，也不是屡试不爽。相对于外部创新源来说，真正起决定作用的还是"内因"，如组织规模、发展战略等。陈钰芬（2008）则是以时间点为轴线，分析了在开放式创新的不同阶段，企业会选择何种类型的外部创新源。

根据 Dahlander 和 Gann（2010）的分法，内向开放式创新又分为整合型和获取型两大类，二者的区别就在于是否涉及经济交易。内向整合型涉及经济交易，如从别的市场主体中取得知识或技术，或者根据对方授权，取得企业发展所需的知识或技术。而内向获取型不涉及经济交易，也就是可以免费获得创新性的信息、技术。由于不需要付出任何报酬，因此，另一方也就是知识提供者的积极主动性、配合意识不会太强，这样会引起本方的不满意。

（2）外向开放式创新

外向开放式创新也是开放式创新的重要组成部分，但是现有研究更侧重于研究内向开放式创新，而忽视了外向开放式创新（Chesbrough 和 Crowther，2006；Dahlander 和 Gann，2010）。之所以出现这种情况，是因为它与技术独占性、创新租金等概念相违背（王鹏飞，2010）。从研究结论上看，技术独占性越高，所有权企业就可以在技术转让中获得更多的创新租金。这就使得企业高度重视知识产权保护，以免受转让一方可以免费或以低价形式获取。具有辩证意义的一点是：知识产权所有者企业一方面设法保护知识产权，避免被动性的知识溢出；而另一方面，主动进行知识溢出却对企业有正面的推动作用，可以提升企业创新绩效。随着企业创新能力的逐步提升，外部知识开发与外向型的技术交易明显增多（Fosfuri，2006），企业向外输出知识和技术的积极性日益上升，选择对该企业来说已经失去价值的一些技术出售给其他企业或组织。

根据前述分类，外向释放型开放式创新是指企业将自身掌握的知识和技术

向外"释放"，且不收取任何费用。由于不涉及经济交易，免费释放型的外向
开放式创新不能为企业带来直接收益，但其产生的间接利益一样为企业所重
视。这种不向对方收取任何费用的释放型创新利于企业相互之间形成非正式合
作网络（Henkel，2006）。得益于这些非正式合作网络，企业双方均可能形成
自己的创新成果，从而对各自的创新绩效都能起到提升作用（Allen，1983；
Nuvolari，2004）。开源软件就是一个典型的例子。关于开源软件，人们关注的
问题是企业能否从免费释放中获得利益。Von Hippel（2007）专门研究了免费
释放的主要动机，将它归纳为以下六个方面：①在整个竞争体系中确立领先地
位；②相关知识和技术信息已经泄密，不如主动公开；③创新要求高，仅仅掌
握某一类知识和技术无法实现预期效果，不用提防"搭便车者"；④换取市场
中自身需要的其他产品或技术；⑤扩大企业的市场规模；⑥通过技术的释放和
扩散，加速使其形成非正式的标准。

外向授权型开放式创新则存在经济交易，其中牵涉到的出售和授权是以对
方付费的形式实现的。当然，这种出售和授权的程度是可以有所不同的，有部
分转让，也有全部转让。自 20 世纪 90 年代后期以来，对外转移技术的重要意
义被众多企业所认同（Davis 和 Arrison，2001）。51.4% 的受调研公司认为对
外许可的重要性日益增强（Sheehan 等，2004）。PWC（2007）的研究证实，
有 63% 的公司期望持续保持这种趋势，并预测在未来 5 年内发明专利的对外
许可比例会明显上升。

学者 Lichtenthaler 对于外向开放式创新的研究颇为深入，发表了一系列相
关的文章。Lichtenthaler 和 Ernst（2007）将授权/出售类型的外向开放式创新
定义为技术外部商业化（External Technology Commercialization，ETC）。他们总
结了技术外部商业化的主要原因：①随着产品生命周期的缩短，技术竞争变得
越发残酷，企业投入的研发资金通过技术外部商业化方式可以得到更高的回
报；②风险投资的迅猛发展提高了企业技术外部应用实现的可能性；③许多企
业逐渐认识到并不是所有研发出来的技术都需要被企业自身利用，技术外部商
业化有助于实现技术的价值。

Lichtenthaler 和 Ernst（2007）对 154 家欧洲的大中型企业进行了问卷调
查。研究发现，首先，企业可以通过技术外部商业化达到学习效果，其学习曲
线因此缩短；其次，企业可以通过技术外部商业化提升自身的声誉，尤其当技
术受让方为知名企业时，从而进一步促进技术外部商业化的进程，达到良性循

环的效果；最后，技术外部商业化还能够强化企业在创新网络中的地位和网络嵌入性。

在另一项研究中，Lichtenthaler（2008）将开放式创新分为两类：技术外部开发（External Technology Exploitation）和技术外部整合（External Technology Acquisition）。通过大样本的定量分析发现，技术外部开发和技术外部整合之间存在显著的正相关作用，企业产品越多样化，技术的外部互动就越频繁。

Lichtenthaler（2009）通过对 136 家企业的外向授权型开放式创新的调研，发现有三个因素对外向授权型开放式创新影响创新绩效起到调节作用，分别是技术动荡性、技术市场转移频率和市场竞争强度。它们强化了外向授权型开放式创新与企业创新绩效之间的关系（王鹏飞，2010）。

2.3.3　开放式创新环境下的企业知识管理与交易

Davenport 和 Prusak（1998）在他们合著的"*Working Knowledge*"一书中首次提出了知识市场的概念（见图 2.2）。他们认为知识市场和一般商品与服务市场存在相同之处：都存在买家和卖家，他们通过协商为知识制定一个大家都认可的价格；除了买家和卖家，知识市场中还存在知识中介，他们主要起到对接协调的作用以达成交易。知识市场在企业的内部和外部均有存在。Davenport的研究聚焦在企业内部知识市场上。他认为内部知识市场效率不高的主要原因是信息的非完全性、非对称性以及不菲的信息搜寻成本。

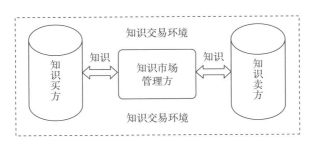

图 2.2　知识市场概念模型

Desouzau 等（2003）进一步研究了企业内部知识市场是由参与者、规则以及场域等组成的，并通过数学模型证明了在知识管理中价格机制的重要作用。在此基础上，Kafentzis 等（2004）构建了电子知识市场的概念模型。该模型主要针对的是组织间的知识交易。他们还对电子市场涉及的商业模式、市场定位和收入方式等进行了分析。Brydon 等（2006）将知识看作异质的公共品，认为不确定性及信息不对称是企业内部知识市场面临的主要障碍。

开放式创新概念的提出验证了企业内部研发和外部知识开发可以同步进行（Cohen 和 Levinthal，1990），而且企业内外部流程还可以实现互惠互利。有时候企业会通过外部流程（如外部知识开发）去弥补内部流程（如内部研发）的不足，反之亦然（Cohen 和 Levinthal，1990；Zahra 和 George，2002）。

Lichtenthaler（2011）强调了开放式创新是企业的自主行为，这种行为是可控的，目的就是促进技术的商业化。但这种技术的商业化过程并非简单易行的，需要企业自身具有一定的管理知识和技能来控制这项行为，其中的知识和技能就构成了开放式创新的动态管理能力基础（Ulrich Lichtenthaler 和 Eckhard Lichtenthaler，2009；Teece，2007）。动态管理能力基础是区分层级的：在企业层面，注重创新决策能力以及组织的把控能力；而在项目层面，更多地强调执行能力，考虑的是如何管理好项目；在个人层面，企业员工的态度也十分重要，是支持还是抵制，是一般性支持还是创造性投入，这些个人层面的思想和意识就组成了创新能力的重要微观基础（Gavetti，2005；Teece，2007）。

当知识管理处于知识开发、知识保留和知识利用等不同阶段时，需要企业具备的管理能力不十分相同（见表 2.10）。如果是针对内部的，在知识开发阶段，最需要的是强大的创造能力；在知识保留阶段，最需要的是强大的转化能力；在知识利用阶段，最需要的是创新能力。如果是针对组织外部的，知识开发、知识保留和知识利用三个阶段相应需要的是吸收能力、联系能力和解吸能力。

表 2.10　开放式创新过程中的知识管理框架

		知识开发	知识保留	知识利用
内部	企业层面	发明能力	转化能力	创新能力
	项目层面	自制决策	整合决策	保持决策
	个人层面	"不在这里发明"的态度	"不在这里联系"的态度	"不在这里出售"的态度
外部	企业层面	吸收能力	联系能力	解吸能力
	项目层面	购买决策	联系决策	出售决策
	个人层面	"买进"的态度	"出去相关联"的态度	"卖出"的态度

资料来源：LICHTENTHALER U，LICHTENTHALER E. A capability – based framework for open innovation：Complementing absorptive capacity［J］. Journal of Management Studies，2009，46（8）：1315 – 1338.

企业应重视知识即潜在的吸收能力（Zahra 和 George，2002）和开发式学习（Lane 等，2006）。例如，宝洁公司在 2000 年制定了开放式创新战略，规定要从企业外部来源中获得一半的创新成果（Huston 和 Sakkab，2006）。与此同时，宝洁公司继续加大内部研发的投入，以增强下一步的吸收能力（Dodgson、Gann 和 Salter，2006）。

解吸能力体现的是企业对外的一种知识与技术转让，它与企业内部的知识与技术的应用相互影响，相互促进（Ulrich Lichtenthaler 和 Eckhard Lichtenthaler，2009）。任何一个企业都应该努力增强吸收能力、联系能力、解吸能力，从而降低交易成本，影响与外部协作者之间的创新活动，掌握更多的主动权和控制权（Cohen 和 Levinthal，1990）。

Granstrand（1990）提出了管理企业技术的基础框架，包含五种引进（采购）和六种开发（商业化）策略。通过应用这些策略，企业可以开发和管理自己的技术知识。Lichtenthaler（2005）将"技术商业化"策略分为六类，根据组织整合的程度由低到高分别为：泄露和非正式的技术交易、公司单位剥离（分拆等）、技术销售（所有权转让）、对外许可（包括交叉许可）、组织间合作（联盟等）、内部技术开发（见图 2.3）。其中组织整合程度最高的是内部技术开发，例如，在生产或营销中，企业为了进一步研发，直接应用某项技术。企业也可以选择通过创建另一家新公司来开发技术。

组织整合程度

- 内部技术开发
- 组织间合作（联盟等）
- 对外许可（包括交叉许可）
- 技术销售（所有权转让）
- 公司单位剥离（分拆等）
- 泄露和非正式的技术交易

图 2.3 技术商业化策略分类

2.3.4 吸收能力和技术学习对开放式创新绩效的影响

（1）吸收能力

吸收能力，就是"企业认识外部新知识、消化新知识并将其应用于商业化目的的能力"（Cohen 和 Levinthal，1990）。在此基础上，Cohen 和 Levinthal

将吸收能力分成三个维度：知识获取、知识消化和知识应用，并且他们认为吸收能力是存在路径依赖的。此后，学者们根据各自不同的角度提出了不同的吸收能力概念和构成维度。例如 Bosch 等人（1999）将吸收能力分成吸收效率、吸收范围及吸收适应性三个方面。其中吸收效率主要分析企业识别、消化利用外部知识的投入成本；吸收范围是指企业吸收外部知识的广度；吸收适应性是指企业取得外部知识后，将其融入现有知识的程度。Zahra 和 George（2002）认为吸收能力是组织基于对知识的获取、消化、转化和利用，逐步形成组织动态能力的过程。因此，从本质上来说，动态性是吸收能力的重要特性。同时，按照吸收的范围和程度，他们将吸收能力分为潜在吸收能力和实际吸收能力，并提出了一个分析框架（如图 2.4 所示）。

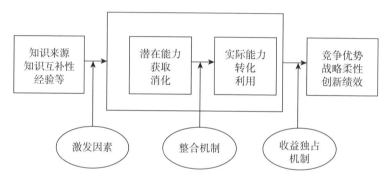

图 2.4　潜在吸收能力和实际吸收能力的研究框架

吸收能力的决定因素有企业先验知识、组织管理因素、企业研发投入以及企业的内外部网络联系（Fran 等，2003）。Ja－Shen（2002）分析了企业内部特征对吸收能力的影响，包括客户关系情况、原有知识与技术的多样性以及以往经验，都是一些重要因素。兼顾企业内部和外部两个视角（Adler 和 Kwon，2002），韦影（2007）从社会资本的结构、认知、关系维度出发，构建了以吸收能力为中介变量、描述企业社会资本与技术创新关系的概念模型。

吸收能力对于创新绩效有很强的影响作用。Cohen 和 Levinthal（1990）非常赞同这一观点。他们还指出，企业的吸收能力水平越高，准确把握外部机会的敏感性就越强，利用外部机会的能力就会越高。陈劲（2000）干脆把在利用外部知识上的差距作为中国企业创新能力不足的一个重要原因。Ja－Shen（2002）的研究结论同样证明了相似的观点。他的研究表明吸收能力对企业创新绩效的提高具有显著作用，吸收能力越高，企业获取的外部新知识就越多，将其应用于自身产品和服务的可能性就越大。Ari（2005）借用详实的数据，对知识处理与企业创新绩效之间的内在关系进行了实证研究。

（2）技术学习

技术学习也是开放式创新绩效的重要影响因素。技术学习是组织学习的一个特殊领域（Carayannis 和 Alexander，2002），是促进企业技术积累增长的组织学习，是组织学习的直接产物（傅家骥和施培公，1996）。Kim（1997）认为技术学习是积极地获取技术能力的过程，是从技术引进到自主创新能力形成的过程。作为一种独特而又重要的学习形式，技术学习对技术变革发挥了重要的作用（Barreto 和 Kypreos，2004）。Kim（2006）认为企业要想在许可引进技术中获得竞争力，就必须在积累异质化能力、技术学习方面进行大量的投入。技术获取、技术学习和技术改进与提高是通过许可引进技术需要历经的三个阶段。Carayannis 等学者（2000）将技术学习分为三个层面，分别是操作学习（Operational Learning）、战术学习（Tactical Learning）和战略学习（Strategic Learning）。通过一系列的反馈和前馈循环将这三个层面的学习行为进行联结，低层的积累性学习可以向高层的改善性学习发展，而较高层面的学习可以重构低层的学习过程（如图 2.5 所示）。

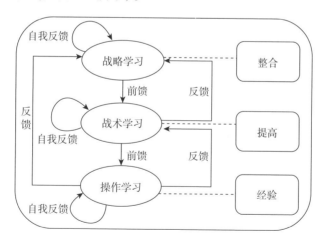

图 2.5　技术学习的三个层次

资料来源：朱朝晖. 基于开放式创新的技术学习协同与机理研究 [D]. 杭州：浙江大学，2007.

也有学者将技术学习分为两个维度：探索性学习（Explorative Learning）和挖掘性学习（Exploitative Learning）。March（1991）在研究组织的适应过程时首次提出了探索性学习和挖掘性学习的概念，它们对组织都有很重要的作

用。在开放的创新环境下，企业通过有效获取和利用内部和外部知识来持续创新，需要结合挖掘性学习和探索性学习（Petersen、Boer 和 Gertsen，2004；Smeds 和 Boer，2004），因为前者能够提高企业的运营效率，而后者能提升企业的战略性视野。

朱朝晖（2007）认为无论是探索性学习还是挖掘性学习，它们都包含了一定程度的学习，即使该行为只是对过去行为的重复，但所处的具体情境可能不同，并且也是经验的积累、学习曲线的优化。因此，我们可以把探索性学习理解为发生在新技术和业务领域的知识创造或（和）获取、传播、共享、整合和应用，它强调的是进入新的技术和业务领域的学习；而挖掘性学习与探索性学习的区别主要在于，它是组织在现有技术和业务领域内的知识创造或（和）获取、传播、共享、整合和应用。在组织知识发展过程中，探索性学习和挖掘性学习是一个循环的演化过程（Zollo 和 Winter，2002）。

2.4　知识产权交易文献综述

2.4.1　知识产权的扩散与协同

美国经济学家舒尔茨指出创新的经济影响力建立在知识扩散的基础上。创新能在更广的范围内产生经济效益和社会效益从某种程度上得益于知识产权的溢出与扩散，进而推动了产业技术进步、产业结构的优化和国民经济的发展。

知识产权扩散的经典定律是菲克第一定律。它是由菲克在 1855 年提出的。该定律将扩散通量和浓度梯度联系在了一起，在单位时间内，通过垂直于扩散方向单位面积的扩散物质量（通称扩散通量）在稳态扩散的条件下，与该截面处的浓度梯度成正比。为了简便起见，该定律仅仅考虑了单向扩散问题。李环（2007）研究了知识产权扩散的传播渠道、传播方向、传播载体以及扩散模式，肯定了知识产权扩散在企业发展、社会进步中的作用。

知识产权扩散有稳定和不稳定两种扩散模式。区分的依据是扩散过程中的密集度变化：稳定扩散（Stability Proliferation）是指知识产权密集度不会随时间而变化，参见图 2.6（图中 C 代表知识产权，t 代表时间，x 代表知识产权扩散的阻力，J 代表距离）；不稳定扩散（The Proliferation of Instability）则与之相反，指知识产权密集度分布会随着时间和距离而发生变化，如图 2.7（其中变量含义同图 2.6）所示。

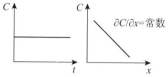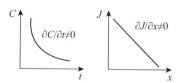

图 2.6　知识产权稳定扩散图　　　图 2.7　知识产权不稳定扩散图

虽然知识产权的扩散模式有所不同，但它们都需要利益相关方的协同，特别是相关组织之间的合作与调节。协同机制包括联发联盟、技术转让、合作研究合同、技术许可、研究人员的交流互换等（孙雪涛，2010；Kim，2000）。同时，研究者还发现，知识产权扩散还会受到外部环境的影响；不过这种影响有时是积极的，有时则是消极的。例如，区域内交易协同的文化氛围、不同区域产业发展的集中程度均会直接影响到知识产权交易与扩散的效率。

2.4.2　知识产权交易的影响因素

大学是一个国家基础研究的主要承担者，大学技术转移在知识产权交易中占据了一定的比例，早期的知识产权交易多为大学与企业之间的技术转移行为。Siegel（2003）等学者对美国 5 所研究型大学的 100 名大学技术转移利益集团人员进行了个人专访。研究结果显示：影响技术转移有效性的因素包括知识产权政策和组织实践，而影响技术转让的关键因素是企业与大学之间的信息、文化差异。Clarke（1997）的研究结果与其相一致，他认为创业型的文化是一些大学技术转移成功的关键因素，政府的鼓励政策推动了风险公司的发展。Power（2000）等人对美国 108 所研究型大学技术转移的研究发现，财政资助、环境等因素与技术专利、许可收入存在相关性。美国北卡三角研究所在 2002 年时通过研究，提炼出了维克·福莱斯特（Wake Forest）大学技术转移的有益经验：强有力的政策支持、雄厚的资金支持、学校内部强烈的创新文化支持、完备的风险管控支持、科学而准确的技术转移策略支持等。Markman 等学者（2006）的研究显示，决定大学技术转移速度的因素包括：知识与技术资源、确认潜在许可的能力以及科研人员的参与度等。高频率的沟通与高质量的沟通可以提高产学合作的效率与有效性（Koskinen，2000）。

明确将知识转移影响因素作为研究对象的是 Szulanski（2000），他重点探讨了知识源、接受者、环境和知识本身特性在其中的重要作用。不仅如此，Szulanski 的研究进行得更为深入。他根据知识的流动性将知识转移分为初始阶段和执行阶段，而在不同的阶段，不同的影响因素所起的作用轻重也有所不同。在初始阶段，知识可靠度、预期难度影响更大；到了执行过程，知识接受者的吸收能力所起的作用更为突出一点。但是，无论在哪个阶段，如果不能准确把握知识的应有之义，将会大大降低知识转移的效率。

联盟知识转移的影响因素包括企业自身因素、合作因素、合作伙伴因素、知识因素、关系因素及环境因素（王飞绒，2008）。近年来，随着网络技术的发展，受到越来越多关注的是联盟成员伙伴间的关系因素或者网络效应。此外，由于受组织结构、组织文化、协调能力等因素的影响，组织内部的知识转移要比组织间的知识转移容易一些，而在同一网络中的组织间知识转移却要比相互独立的组织间知识转移速度快得多（Baum 和 Ingram，1998；Greve，1999）。

Posner 在 1961 年提出了技术差距模型。他认为知识产权交易的动力来源于不同交易主体之间的技术差距，由此，产生了技术差距理论。该理论突出强调技术在经济发展中的地位和作用，专门把技术独立出来，与劳动和资本这两种生产要素并列在一起。他还特意提出，随着科学的发展，技术所起的作用只会不断提高，而不会萎缩。

从资源基础理论的观点来分析，技术本身的特性决定了引进该技术的企业必须投入的资源以及所需具备的组织学习能力与条件，因而技术特性是技术交易时的重要影响因素（Hamel，1991；Steensma，1996；Makija 和 Ganesh，1997）。技术的特性主要有以下几个方面。

① 不确定性：与技术标准化程度有关。一般来说，技术标准化程度越低，技术不确定越大，对技术价值评估也越困难。在此情况下，企业通常不采取市场交易或内部自行研发的模式，而倾向于采取合作或联盟的方式，降低市场风险（Teece，1986；Hipple，1987）。

② 复杂性：指技术间系统化与相互依赖性（Lambe 和 Spekman，1997），即为了该技术完全发挥功能或实现商品化之前需依赖辅助性技术的程度。技术复杂性高，意味着其市场价值评估难度大，给交易带来了不便。除非有足够的

能力与资源，企业一般也不会采用内部研发的模式（Helfat，1997；Simonin，1999）。

③ 隐藏性：指将技术诉诸文字表达的困难程度（Hipple，1987；Teece，1986；Nonaka，1994）。当技术的隐藏性比较高时，企业只有依赖更紧密的组织互动机制才能有效地引进技术与学习技术（Hipple，1987；Hamel，1991；Davenport 和 Daviel，1999）。

④ 成熟性：技术的成熟性与技术年龄密切相关。随着技术年龄的增长，技术日益成熟。如果某项技术已经在很多行业内普及并应用了很多年，那么该技术的相关知识也会在专家团队内传播普及。因此，成熟阶段的技术含有专家们都了解的知识，所需要转让的隐形知识会比较少（Bessy 和 Brousseau，1998）。在交易的谈判阶段，成熟技术的价值比较容易评估。但是另一方面，现代技术更新换代越来越快，生命周期越来越短，因此过分久远的技术重新组合、创造新技术的潜力可能会比较小（Ernst，2007）。

⑤ 专享性：指技术所有者可以取得该技术所衍生利益的程度。这与知识产权制度及信息不对称等交易特征有关（Teece，1986；Pisano，1990）。技术专享性高，意味着该技术受专利法等法律法规的保护越周全，技术所有者也比较愿意以授权协议的市场化模式来达成交易（Teece，1986；Hagedoorn；1993；Lyles 和 Salk，1996）。

信息是知识产权交易的重要影响因素。信息的不对称性会限制知识产权价值的评估（Christopher，2009）。一些技术不能交易的原因在于其中蕴含了大量的隐性知识（Lundvall，1992）。信息的充分流通是交易成功的基本前提（Williams 和 Gibson，1990；Beechman 和 Hayes，1998）。Robinson（1991）明确地指出："技术移转是沟通的过程。"Nonaka（1994）发现，如果所转移的知识包含隐性知识时，隐性知识含量越多，需要的个体间沟通越复杂，难度也越大。Dyer 和 Singh（1998）也肯定了沟通协调在知识转移中的重要作用，他们认为组织之间的沟通工作做得越好，越有利于知识转移接受方的吸收与消化。Inkpen 和 Dinur（1998）表达了同样的观点，当母公司与合资公司间寻求知识转移时，双方的互动是非常重要的。

知识产权交易与知识流动紧密关联。学者们分别在行业、组织和个人层面研究了知识流动的影响要素。Szulanski（2000）认为知识特性、知识源、知识接收方和转移环境是知识转移的四大影响因素，并根据知识转移的不同阶段，分析了内部黏滞知识产生的原因。Maura（2003）认为在竞争性合作中影响知识流动的要素有共同的兴趣、合作的需要、组织特性以及构成学习和传播知识的环境。Jeffrey（2003）认为，知识流动在产品技术开发过程中的主要影响要素有知识的嵌入性、知识接收者的特性、企业合作的特性以及知识转移活动等。知识传输渠道对知识流动具有重要作用，如果缺失了知识传输渠道，那么知识就很难发生有效流动（Ghoshal 和 Barflet，1988）。华连连（2010）对不同学者提出的知识流动的影响因素进行了分类梳理，主要包含知识特性、合作特性、知识受体特性、知识源特性、情境特性，具体因素的构成如图 2.8 所示。

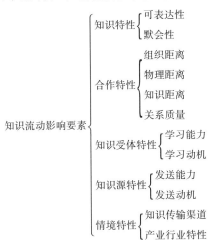

图 2.8　知识流动影响因素

知识产权交易过程中面临着政策法律、市场运营、交易中介等风险，其中信息披露对于有效控制知识产权交易风险具有重要影响（吴洁伦等，2010）。知识产权交易在实际中会面临各种阻碍，例如市场价格的评估、市场交易流程设计和组织架构不完善（Lichtenthaler，2006；Gambardella，2002）。缺少标准的估值法、每项技术的背景依赖性、信息黏性以及市场参与者的机会主义导致了较高的交易成本，从而降低了企业的盈利机会和从事交易的意愿（Arora，2001）。涉及交易的准备和接触的成本占技术受让方总费用的比例有时高达59%（Teece，1977）。

2.4.3 知识产权交易的途径与方式

知识产权交易，其实就是将知识产权作为一种对象进行交易的活动。知识产权作为一种可参与市场交易的商品，同样具有使用价值和交换价值。不过，区别于一般意义上的商品，知识产权只有转化后才能实现其自身价值。也就是说，知识产权的价值体现在将知识产权商品化和市场化的活动中。如果未转化成承载着知识产权的商品，知识产权实质上也就没有存在的价值，自然无法参与市场交易。由此可知，所谓的知识产权交易，交易的是其使用价值或交换价值。因而，知识产权交易的类型据此可以分为两类：一类以转移知识产权使用价值为核心，包括知识产权许可、信托和转让；另一类以转移知识产权交换价值为核心，如将知识产权入股的市场行为等。同时，在不同的交易主体下，知识产权交易的类型和利用方式也各不相同。具体类型如表 2.11 所示。

表 2.11 知识产权交易类型

	市场型交易	管理型交易	政治型交易
使用价值	知识产权转让、许可、信托	知识产权出资、企业内部管理	知识产权税收
交换价值	知识产权证券化	知识产权质押	

近年来企业经营呈现的一种趋势是通过各种契约形式让外部组织利用它们的技术知识，例如对外授权、联盟、分拆和技术销售（Dodgson 等，2006；Lichtenthaler，2009）。缺少资金投入和社会资本是新创企业经常面临的难题，将产品成功引入市场的销售能力也是它们所缺乏的（Helm 和 Meckl，2004）。于是，新创企业往往会将知识产权直接出售或者与行业中的"在位"企业签订许可协议，以期从技术创新中获得收益（Teece，1986）。许可已经成为企业普遍使用的商业化战略。Autio（1997）建议企业通过多种形式的互动，充当技术转移的主体。高科技创新公司可以转型为服务型企业，为其他企业提供技术服务等，充分挖掘技术资产的价值，例如 IBM 的做法（Stankiewicz，1994）。专利联盟是解决"专利丛林"问题的主要机制（Shapiro，2001）。Holger 和 Michael（2012）认为知识产权许可已经成为技术型企业重要的商业化战略。美国知识产权交易的类型主要包括经纪商交易、拍卖、专利组合交易、知识产权外包服务等（杨伟民等，2015）。

国内研究方面，李昌凤（2011）概括了日本企业知识产权运营模式的三种类型：将企业的知识产权应用于自身生产的产品中；将知识产权通过许可或转让的方式授权给其他企业使用；知识产权质押融资。李岑（2008）提出知识产权交易的两种创新模式是知识产权信托和知识产权证券化。王桂侠（2009）认为专利池、专利转让、专利购买、专利许可代理、交叉许可等是目前企业知识产权运营的主要模式。我国企业知识产权资本运营方式主要有知识产权融资、知识产权证券化、知识产权投资入股、知识产权信托等形式（冯晓青，2012）。王智源（2010）将企业知识产权交易的方式归纳为以下几种类型：拍卖式、招投标式、协商式、托管式、兼并吸收式、承担债务式、合同式、联盟式、电子式等。

实际上，企业选择何种类型和方式进行知识产权交易，是一个比较复杂的过程。这其中，企业需要考虑价格因素、市场供求状况以及竞争实力等因素。由于考虑的因素不同，上述关于知识产权交易类型的分类从严格意义上来说，是有部分交叉和重叠的。但只要能够快捷便利地完成交易，真正把知识产权的使用价值和交换价值体现出来，任一种交易方式都可视作是科学的、合理的。

2.4.4　知识产权交易中介

交易成本理论可以用来解释交易中介存在的必要性。随着社会分工和专业化的推进，大规模生产使得生产成本降低，但交易费用却明显增加，而中介组织的出现可以降低交易成本，使交易活动得以顺利进行。在创新的过程中，中介机构的重要性日益增长，这与过去几十年研发活动中有更多的参与者和要素有关（Smits，2002）。Hoppc和Ozdcnorcn（2001）构建了分析中介组织参与下的交易者行为的理论框架，研究结果显示，大学研究人员和企业间技术交易中存在的不确定性和逆向选择问题由于技术转移中介的加入而减少。Lamoreaux和Sokoloff（2002）采用实证数据分析了中介组织在技术市场中的作用，证明了技术中介是推动技术市场发展的重要因素。Sauermann（2000）认为可变交易所占的份额通常在高度组织化的市场中比在缺少组织的市场中低，因此中介机构可以开发有组织的市场和交易系统。金融市场中常见的中介按功能划分有以下四种类型：能够整合在地理位置上分离的市场；实施监控功能；进行职能转换（例如作为经纪人或投资银行）；整合上述三种类型。

"知识产权交易中介"这一术语在现有的创新文献中很少被直接提及，学者们使用了不同的术语对中介进行了描述，例如"第三方"（Mantel 和 Rosegger，1987）、"专利经纪人"（Hargadon 和 Sutton，1997；Provan 和 Human，1999）、"上层架构组织"（Lynn 等，1996）、"信息中介"（Popp，2000）、"创新中介"（Lopez 和 Vanhaverbeke，2010）。

Bessant 和 Rush（1995）认为中介的一个重要作用是作为"顾问"，顾问支持"技术转让的多维性"过程。该过程通常是非线性的，并且以多元互动、系统集成以及复杂网络为特征。Howell（2006）对"创新中介"作出了明确的定义：一个组织或机构在创新活动中在双方或多方之间充当代理人或经纪人。这样的中介活动包括：帮助提供关于潜在合作者的信息；协调双方或多方之间的交易；充当已经产生合作的机构或组织之间的调解人和中间人；帮助寻找建议、融资以及用于该合作创新成果的支持。Howell 在英国组织了一系列的案例研究，通过研究，他惊讶地发现创新中介具有比最初设想多得多的十个功能：预见和诊断；浏览和信息处理；知识处理及组合、重组；把关和经纪人；测试和验证；认证；调控；保护结果；商业化；结果评价。Benassi 和 Minin（2009）使用雪球抽样技术对行业专家进行了专访和案例研究，并依据"附加价值度"和"自身风险"这两个维度确定了七种类型的专利经纪人：执法者、集成商、交易撮合者、技术促进者、保护人、评估者和顾问，其中后四种类型所占比例较高。Nakwa 等学者（2012）认为创新中介在开放式创新过程中主要承担了信息交换、建立联系和提供网络等职能，其作用日趋显著。Tonisso 等（2016）指出中介在知识产权交易中的作用主要体现在帮助客户保护、处理和实现其知识产权价值。

知识产权交易平台通常融合了知识产权交易中介的一种或几种功能。陈勇（2005）构建了包含专利、商标和版权统一交易的全国性综合平台。该平台的主要功能是展示、推广和交易知识产权项目。他认为政府支持是平台建设初期不可或缺的资源，等到平台运作完善以后可以采取市场化的运营模式。杨建锋和张磊（2013）提出建立一个全方位的服务平台，来集聚分布在各地的专利技术交易市场。冯晓青（2012）设想构建一个综合知识产权服务体系，除了具备知识产权交易功能，还包括技术创新战略服务、信息交流等功能。梅妹娥和吴玉怡（2014）则把客户价值、平台资源、一站式服务集成和盈利模式视为平台商业模式的核心要素。美、英、日、韩等国知识产权交易平台的建设经验主要有：通过线上交易推动各种新型交易模式；积极开展知识产权证券化等投融资业务（徐佳，2014）。任凤珍（2016）梳理了目前知识产权交易平台的几大功能（见表 2.12）。

表 2.12　知识产权交易平台的功能

企业知识产权交易面临的困难	知识产权交易平台的功能
需要集聚、整合各种资源	知识产权交易资源的整合和优化配置
难以定价	技术定价
信息不对称与信息不完全	知识产权交易信息揭示与传递
风险较大	知识产权交易风险管理
交易成本高	降低知识产权交易成本
知识产权商品的外部性	产权制度的激励作用

总体来看，在开放式创新的背景下各类中介的功能已经被确定和详细论述，但是仍然缺乏一个全面、系统和被广泛接受的分类法。随着新型中介类型和新的交易模式的不断出现，企业将面临越来越复杂的决策，选择合适的交易模式及知识产权交易中介有助于更经济高效地管理知识产权资产。

2.4.5　知识产权交易中的价值评估

知识产权价值评估量化，是市场交易的前提条件。知识产权价值的确定非常复杂，价值评估通常与特定的目的有关。Gordon 和 Russen（2000）认为企业对知识产权交易进行价值评估，无非为了申请许可、兼并与收购其他企业组织、提供贷款或者进行投资。

无论出于何种评估目的，评估结果都会受到许多因素的影响，比如评估方法、评估风险、信息依赖等。Park（2004）把无形资产价值的影响因素分为固有因素和应用因素两大类，其中固有因素指的是与技术本身内在特征有关的因素，应用因素指的是与技术的使用情况相关的因素。

Reilly 和 Schweihs（2004）借用外推法、白板法、生命周期分析法、灵敏度分析法、仿真分析法和经验法六种预测方法，比较了知识产权交易收入情况。Razgaitis（2003）认为行业标准法和经验法是最常用的两种值评估方法。行业标准法要求识别一个适当的可比较的协议，但在很多情况下，并不存在一个完全与估计交易相符合的协议。普遍的做法就是从以往的协议中寻找有用的参考要点。经验法适用于三种估价目的：首先，它是推导许可使用费率的起始点，以买方的利益分析为基础提出报价；其次，它是一种对采用其他方法而产生的数据进行检测的方法；最后，它也可被用于买方和卖方之间达成协议的早期基础。现金流量贴现法和其他如蒙特卡罗法的高级估价方法都是以预估的损益表和现金流量表数据作为基础的。他指出这六种方法之间不是孤立的，而是可以结合使用的。

以专利价值研究为例，Cromley（2004）将与专利评估相关的影响因素划分为交易相关因素和专利技术信息因素。其中专利技术信息因素，即技术的固有特征，需要借助可能的替代技术、专利产品的需求曲线、预测的利润值等工具来综合确定。马慧民等（2005）专门探讨了专利评估问题。在他们的研究方案中，评估指标包括技术、市场、经济、社会四个维度，这四类指标的计分比重主要通过专家咨询和层次分析法相结合的手段进行。刘伍堂（2007）分析了法律因素、商标维护因素、专利技术因素、经济因素等对银行质押贷款知识产权价值的影响。

李秀娟（2009）梳理出影响专利价值的四大因素：与专利技术和产品相关的因素、与企业相关的因素、与技术转移相关的因素以及相关风险因素。杨汝梅（2009）针对无形资产问题，提出了十分有见地的三个观点：一是无形资产无市价可言，价格可能很高，也可能比较低；二是无形资产的价值缺乏稳定性，可能今天很高，也可能明天就大幅降了下去；三是无形资产的价值以企业的实际收益为准，高估再多也无实际意义。

2.4.6　知识产权交易对创新绩效的影响

几十年来，许多学者围绕知识产权交易与企业创新绩效之间的关系进行了持续不断的研究。学者们对知识产权交易会影响企业创新绩效这个判断基本是持一致意见的；意见不一致的地方在于，有的学者认为这种影响是积极的、有益的，有的则持反对态度。以 Pillai（1979）为代表的研究者认为，对于发展中国家来说，从发达国家引进的技术越多，越会产生技术依赖，而且还会压制本国企业的自主创新意愿。外部技术引进对自主创新有挤出效应，技术引进使发展中国家对发达国家产生技术依赖。然而，Kim（1998）通过研究证实，只要发展中国家采取积极合理的措施，对引进的技术进行消化吸收，这种技术引进的方式就可以提升本国研发实力，增强本国自主创新能力。目前多数学者还是支持后一种观点的（Granstrand，2007；Jones，2001；Chatterji，1993）。Laursen 和 Salter（2006）的一项研究报告指出，外源知识对创新方面具有正面影响。Reichstein（2009）对 133 家技术许可方和相同数量非技术方的研究表明，许可技术作为刺激因素可加速企业自主创新。

Inkpen（2000）和 Eric（2002）的研究更为全面一些，研究成果中提到了正反两方面的意见。他们认为，好的方面是技术引进确实能够提高企业创新能力，不足的地方是消化吸收难度大、与企业文化和组织架构融合困难、下一步的购买费用高等。Johnson（2002）以巴西企业创新为研究对象，分析了技术引进在其中的作用。结果表明，企业创新能力的提高必须结合企业技术许可引进和内部研发能力的培养两个途径。王元地（2011）对 186 家中国本土企业的专利技术许可数据进行了计量分析，结果证实：技术引进能够提高引进一方企业的自主创新能力；进一步来说，把国内技术和国外技术相比较，后者对企业创新能力的提升作用更为明显一点。

大多数研究都把关注的重点放在了知识产权交易买方的创新绩效上，而 Yang（2010）在其论文《The relevant knowledge pool：learning from what others have learned from you》中把知识溢出源公司的创新绩效作为研究的对象。通常我们都认为知识溢出对受让企业有好处，而研究显示知识溢出源公司也可以从自身的溢出效应中获益。当知识源公司溢出的知识与受让企业的知识互补重组时，就形成了与知识源公司的知识库相关的新的外部知识库。这个知识库为知识源公司间接学习受让者的重组技术提供了宝贵的机会。对 87 家电气设备制造商的实证研究证明了知识源公司确实能从受让企业的技术溢出效应中获益，提升自身的创新绩效。溢出知识库的规模越大，与知识源公司现有的知识库越相似，那么它对知识源公司创新绩效的提升就越明显。

20 世纪 90 年代后期以来，外转移技术的重要意义被众多企业所认同（Davis 和 Arrison，2001）。51.4% 的受调研公司认为对外许可的重要性日益增强（Sheehan 等，2004）。企业可以通过技术外部商业化达到学习的效果，还能够强化企业在创新网络中的地位和网络嵌入性（Lichtenthaler 和 Ernst，2007；王鹏飞，2010）。

2.5　文献小结

知识产权交易作为一个交叉研究领域，它与知识流动、风险投资、技术交易等领域的研究均有相关性，主要理论基础是创新经济学、制度经济学、博弈论、信息经济学等。最早的研究可追溯至科斯在 1937 年提出的"交易费用"思想。Williamson 在 1979 年发表经典论文《交易费用经济学：契约关系的治理》。20 世纪 80 年代以前，大量的相关研究集中在发达国家和发展中国家之间的技术转移上。20 世纪 80 年代以后，一系列促进技术转移的政策出台，竞争优势的获取和区域内技术转移成为学者们关注的重点。20 世纪 90 年代中期以后，随着技术交易所的建立和网络交易的盛行，融资模式、技术交易中微观主体的行为、公共政策对微观主体行为的影响开始引起部分学者的注意。同时，因为"信息不对称"等理论研究的推进，一些研究文献集中在交易的逆向选择和产权转移后的道德风险问题上，使得研究活动深入交易活动的内部。

通过对相关理论的梳理，我们发现交易费用理论是研究知识产权交易的基础工具：首先，代理人的理性是有限的、未来的合作结果是不确定的，交易费用理论的这两个前提假设符合知识产权交易市场的实际情况；其次，由于信息的不对称性和不完全性所产生的机会主义是交易费用理论的核心问题，这也正是知识产权交易关注的焦点。

知识产权交易的发生必定伴随着交易成本的耗费、合法控制权的转移。信息不对称性通常是在委托代理问题的背景下进行研究的。信息不对称的存在，不仅促使掌握信息劣势一方强化知识产权交易的需求，它还因为双方信息不平衡而阻碍知识产权的交易。

知识产权交易过程中的障碍因素可分为三大类型：各种的不确定性、信息不对称、交易成本过高。这三类因素交织在一起，相互影响。知识产权交易中介是委托代理理论在知识产权交易过程中的具体应用与展现。交易费用理论的一个分支是解释如何在一组潜在的候选者中选择贸易伙伴，重点关注自行研发或购买以及持有或出售的决策。

另外，随着企业创新模式从封闭式创新到开放式创新的转变，开放式创新管理引起了学术界和实业界的兴趣。和知识产权交易相关的开放式创新研究主要集中在开放式创新的动机、开放式创新的分类以及开放式创新背景下的知识管理。开放式创新的主流学者们将开放式创新区分为内向开放式创新和外向开放式创新两大类。以往的研究关注于内向式，对外向式的讨论相对不足。而本书的研究内容"知识产权交易"将对这两方面均有涉及。在开放式创新的文献中大量的实证研究也应用了交易费用理论、产权交换理论。创新活动由内部或外部组织来进行并不完全取决于交易成本，存在内生性的原因。交易成本和相关的创新能力可能会随着时间共同演化。知识流动、技术学习和吸收能力是分析知识产权交易对创新绩效影响不能忽略的关键因素。开放式创新视角下的知识管理与交易文献为本书的研究提供了启示。而已有文献对知识产权交易与企业创新绩效关系存在的争论也正是本研究的意义所在，希望通过定性和定量分析为长久以来的争论提供新的佐证。

与本研究密切相关的文献主要来源于制度经济学和开放式创新领域，也有少量文献从法学的视角进行了分析。总体来看，知识产权交易受到了国内外学者的广泛关注，学者们对知识产权交易的类型与利用方式、影响因素、交易中介和价值评估等方面进行了初步探讨，但也存在一些不足。现有研究存在的不足主要体现为以下几个方面：①关于知识产权交易，现有研究多数为定性分析，缺乏深入的定量分析；②对于知识产权交易对技术创新的内在作用机理缺乏系统性分析；③针对知识产权交易某一方面影响因素的研究较多，而对知识产权交易影响因素进行全面分析的文献较少；④未能反映企业知识产权交易决策的复杂性。

综上所述，交易费用理论、委托代理理论、产权交换理论、信息不对称理论、开放式创新理论是分析企业知识产权交易实施的重要工具和理论基础，也为本书的研究提供了理论支撑，通过理论梳理进一步明确了本研究的研究视角和切入点。针对现有研究的不足，本研究将以"知识产权交易—知识流动—创新绩效"作为逻辑框架，以定性分析与定量分析相结合的研究方法深入研究在开放式创新背景下知识产权交易对创新绩效的内在作用机理以及知识产权交易过程中的关键决策。

第3章 知识产权交易影响技术创新的内在机制分析

3.1 知识产权的价值及实现

3.1.1 知识产权的静态价值与动态价值

"以知识为基础的经济"——知识经济，是建立在知识的生产、交换、分配和消费之上的经济。在知识经济时代高度发达的信息和高技术等因素的驱动下，知识变成了市场上的交易商品，是现代财富的主要构成元素。知识成为财产是建立在它能够交易的基础上，而知识能够交易又取决于知识产权的确权。知识产权作为所有人对智力成果所享有的专有权利，其作用也从传统的保护防御措施转变成为企业重要的收入来源。在经济学价值理论的发展史中，有三大经典价值理论：古典价值论、效用价值论和新古典均衡价值论。基于这三个价值理论，知识产权价值的决定论主要有两大学派，即劳动价值论和效用价值论，具体如图 3.1 所示。

国内外学者从哲学和经济学角度讨论了知识产权的价值。在哲学上，"价值"是客体对主体的生存和发展的效用。所以，知识产权的价值即其对知识产权权利人生存和发展的意义所在。当知识产权权利人为企业时，知识产权属于企业的无形资产，它的价值就在于能给企业带来经济收益或者作为企业保持核心竞争力的保障。企业经济收益的增长体现了该知识产权的价值，收益越多，价值就越大。范晓波（2006）基于经济学理论认为知识产权的价值取决于其效用，他还分别讨论了知识产权对生产者和消费者不同的价值。当生产者为企业时，知识产权满足企业获取经济收益能力的大小就是它的效用，知识产权的价值就取决于该效用，该效用能够给企业带来显性的经济收益。当交易的元素为生产要素时，生产要素在生产过程中体现出来的功能就是它的效用，例如它能给要素的所有者带来的经济利润。有关知识产权价值实现的途径，袁晓东（2006）指出：知识产权的价值存在于知识产权商品化和市场化的过程中，只有市场化才能实现知识产权的价值。

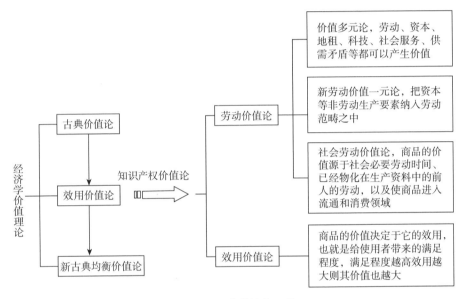

图 3.1 经济学价值理论

资料来源：赵丽洪. 知识产权质押价值评估问题研究〔D〕. 保定：河北农业大学，2008.

然而，在企业或者大学拥有的知识产权中，往往只有部分能被利用并创造利润，产生收益，也就是说仅仅体现了知识产权一部分的价值。出于方便解析知识产权价值实现比例的目的，我们把知识产权价值划分为已实现的知识产权价值（Realized IP Value）和未实现的知识产权价值即潜在知识产权价值（Potential IP Value）。而根据知识产权在实现企业或者大学经济价值时所处的状态，可以将其分为动态知识产权和静态知识产权。所以知识产权价值可以表示为静态知识产权价值和动态知识产权价值之和，即用式（1）来表示。

知识产权价值＝静态知识产权价值＋动态知识产权价值　　　　（1）

3.1.2　知识产权价值的实现

静态知识产权是指处于相对静止状态的知识产权,即未直接参与市场交换,也没有运用在产品和服务中的知识产权,包括作为储备的、尚未使用的知识产权。知识产权商品的收益不确定性程度非常高。其不确定来源于知识产权商品实现的各个阶段的风险,例如市场需求的瞬息万变、研发产业化成功概率低、知识转移的黏滞性和知识的溢出效应。在高度不确定的情境下,企业能否具备未来开展某经济行为的能力,能否抓住获取巨额经济收益和商业价值的机会,都取决于企业的技术和知识创新能力,即知识产权的价值。因此,虽然静态知识产权没有产生直接的经济价值,甚至还需要投入高额的申请和维护成本,但这部分知识产权的经济价值在于"未来或潜在的获利能力的期望",它的作用体现在保证目前和将来企业或大学能够获取基于该知识产权的经济收益。

动态知识产权是相对于静态知识产权而言处于使用和营运中的知识产权。动态知识产权价值是知识产权被积极地市场化和商品化而实现的超额利润与收益。根据动态知识产权价值实现方式的不同,可以分为直接实现和间接实现两种方式,获得的收入也可以分别表示为动态知识产权间接经济收入和动态知识产权直接经济收入,见式(2)。知识产权间接经济收入是把知识产权应用于改进企业生产工具、改造生产对象、提高生产效率,并包含在产品和劳务等载体中,通过载体的市场化而获得的企业收入,即知识产权通过间接的市场化和产品化方式获得的收入。知识产权的直接经济收入是指直接行使知识产权占有、使用、处分、收益的特许权而获得的经济收入。其一般是通过知识产权交易而实现的,特殊情况下因法律诉讼而获得的知识产权赔偿也是通过直接使用权利而获得的经济收入,也计入知识产权直接收入。知识产权直接经济收入是知识产权通过知识产权交易的方式直接商品化和市场化所获得的收入,直接体现了知识产权的资产属性和知识经济时代知识产权作为知识直接参与市场交易载体的商品属性。

$$动态知识产权收入 = 动态知识产权间接收入 + 动态知识产权直接收入 \quad (2)$$

知识产权交易是以转移各种知识产权权利为内容的经济活动,包括:以转移知识产权使用价值为核心的知识产权转让、许可、信托和以转移知识产权交换价值为核心的知识产权证券化等。知识产权价值以知识产权交易方式体现的主要有以下三种类型。①知识产权商品化。例如，知识产权权利人以许可、转让知识产权的方式得到收入，或者在贷款融资时以知识产权替代实物型的担保物。②知识产权资本化。这种价值的资本化通常体现在企业的收购、兼并、产权变更、合资等过程中。③知识产权法律化。即以法律维权方式所兑现的知识产权价值，比如在知识产权侵权诉讼案件中企业得到的赔偿款等。

为了实现知识产权的动态转化，以实现知识产权的价值，国内外企业在把静态知识产权"激活"的机制上作了积极的探索。如宝洁公司就对企业内的专利进行过积极的评估和转化。宝洁公司在进行每一项新的创新活动前，其工作人员就要思考如下问题：公司内部其他业务或职能部门是否已经拥有解决方案？是否作过类似的前期研究或者掌握了相关资源？如果有，宝洁公司将通过内部的转化机制，积极应用现有的技术和知识产权，使企业的静态知识产权转化为动态知识产权，以此来实现知识产权的价值。除此之外，宝洁公司还确立了一项标准：如果在 3 年之内，公司的某个专利都没有被公司内部的任何一个部门实施，那就将其出售给别人，出售对象甚至可能是宝洁公司的竞争对手。

知识产权价值实现的方式代表了知识产权的市场化方向，也反映了企业创新资源配置的方向。随着知识经济的发展，在开放性、分布式的知识创造过程中，产品的生命周期越来越短，企业（尤其是中小企业）依靠知识产权来建立产品先进性和排他性并获得持续的竞争优势越来越难。在快速的市场变革中，那些拥有强大的互补性资产的企业从知识产权中获益将更有优势。此时，知识产权直接市场化和商品化，成为企业从知识产权中快速获利的又一选择。在知识产权制度体系化、知识产权交易中介机构日趋完善等因素的共同驱动下，通过知识产权交易的方式来获取收益变得越来越流行。

近年来开放式创新的兴起，也改变了人们对知识产权价值的认识。传统的创新理论把专利等知识产权当作创新的副产品，对其加以保护和控制；而开放式创新的模式则强调创造性地利用企业的知识产权，认为企业内各环节产生的知识都可以在市场中进行交换，以实现其价值。在知识经济时代，企业通过转让、授权等知识产权交易方式直接从知识产权中获益的途径，正日益凸显其重要性。尽管企业从知识产权直接获利并非始于今天，但其实现途径不断地被挖掘，对企业的贡献不断被强化，特别是更大范围的普及，却是知识经济时代所特有、所急需的。

　　传统的理论研究更多地是从静态的视角去分析企业应当如何提高知识产权的保护意识，防止侵权行为，而对于如何挖掘企业知识产权动态价值的知识产权交易较少涉猎。然而知识产权最重要的价值就存在于将知识产权商品化和市场化这种转移过程中。尤其对于我国这样一个科研技术水平还比较落后、知识产权运用与创造能力还比较差的国家来说，加强对知识产权价值实现的理解和提高对现有知识产权的利用和盈利能力，不仅具有重要的现实意义，还具有深远的战略意义。

　　市场经济的一个显著特征是：价格机制是资源配置的主要依据。知识产权交易在市场经济的推动下不断发展，知识产权交易越频繁，其利用效率就越高，越能促进技术创新和技术转化。在开放式创新的环境下，企业会更多、更主动地进行知识的溢出。知识产权是创新网络知识流动过程中一种重要的约束机制和利益调节机制。随着知识产权交易水平的提升，知识产权的角色从企业专用性资产转变成为交易性资产。这种转变有助于知识的加速流动和企业的技术学习，进而对企业的技术创新能力有提升作用。

3.2　知识产权交易对创新绩效作用机制的模型构建

　　综上所述，已有研究为我们理解知识产权交易与创新绩效的关系提供了理论支撑，但大多数研究并没有对其中的机理进行深度剖析以及解读，企业如何通过知识产权交易最终来提升创新绩效仍然是一个"黑箱"。因此，本研究围绕"企业在实施开放式创新中如何通过知识产权交易来提升企业创新绩效"这一核心问题，以知识流动为中介变量来探寻影响企业创新绩效的影响因素。理论的初设模型如图 3.2 所示。

图 3.2　理论初设模型

3.2.1　知识产权交易的影响因素

　　Szulanski（2000）认为知识转移能否成功，知识的特征、知识的所有方、知识的接收方和知识转移环境起到决定性的作用。受此启发，我们将知识产权的交易影响因素分为知识产权交易的环境因素、知识产权交易的主体因素、知识产权交易的客体因素三大类型。其中，知识产权交易的环境因素主要有知识产权制度、中介服务体系、风险投资体系，交易的主体因素指的是交易的买方与卖方之间的沟通机制、技术势差，交易的客体因素包括技术的不确定性、复杂性、成熟性。

（1）知识产权交易的环境因素

1）知识产权制度

尽管现有的知识产权政策体系并不是完美的，但技术交易的成本因为知识产权制度的实施而显著减少，这一现象也证明了通过制度的改进可以提高技术交易效率（Bessy，1998）。知识产权制度对技术市场的推动作用主要体现在：一是提高技术产品的可交易性；二是提高技术交易的效益，提升组织参与市场化交易的积极性。知识产权政策、税收以及相关的法律制度会对知识产权交易产生不同程度的影响，主要体现在知识产权开发过程中的风险、知识产权交易利益双方的分配等方面（任凤珍和杨智杰等，2013）。其中专利制度通过保护技术创新者来激励创新，技术被赋予了产权，技术知识原有"公共品"属性发生了改变，技术产权成为交易的客体。例如，当交易的客体是专利权时，专利的所有者和专利的受让方可以通过转让或许可的方式进行交易。在专利制度的保护下，技术的拥有者会把适量的技术信息传递给潜在的买家，后者可以根据所披露的信息对技术的质量和适用性进行评估。这样一来，逆向选择现象明显减少，交易成本也因此而降低。与此同时，专利的管理机构将上报的专利信息收集汇总，在此基础上建立了对公众免费开放的专利数据库。专利技术的需求方可以非常方便地在数据库中进行专利信息的搜索，信息的搜寻成本大幅下降。另外，专利交易的地域范围和以往相比更为广阔，这主要得益于专利信息在各种渠道的传播所造成的广告效应。知识产权交易地域的扩展使知识产权交易双方的不确定性降低，也有利于促成合理的市场价格。

2）中介服务体系

创新中介的作用在已有的理论和实证研究中被反复提及，它对技术交易的影响不容忽视（Arora 和 Gambardella，2010）。中介组织能够推动技术交易的实施（Howells，2006）。近年来又出现了一些新型的、组织间进行技术交易的平台组织，例如知识产权拍卖网站（Chesbrough，2006）。Zhang 和 Li（2009）

对中国技术服务、金融服务、法律服务等服务型的中介机构进行了研究。研究结果显示，在开放式创新中，这些机构起到了构建广泛的创新网络、联接网络成员的重要作用。在服务型中介机构的协助下，企业能够更为便捷地进行更广范围的技术搜索，技术搜索的成本也明显降低。技术搜索、匹配恰恰是知识产权交易成功的关键因素。基于中介参与型的交易者行为理论模型，Hoppe 和 Ozdenoren（2001）发现，大学和其他组织之间技术交易的逆向选择、不确定性现象因为技术转移中介（TTOs）的出现而有所改善。方世建和史春茂（2003）比较了有中介人参与和没有中介人参与这两种交易方式，结果发现当没有中介人参与时，高质量技术由于信息不对称和逆向选择的存在而难以成交，市场上出现的多数是低质量技术的交易；如果中介人能在市场中发挥出积极的作用，基于自己的声誉和专业能力传递具有公信力的"市场信号"，有效分离不同质量的技术，市场交易效率将得到极大提高。

3）风险投资体系

知识产权交易需要完善的风险投资体系作为支撑，营造有利于技术投融资的环境。发达国家的实践经验证明，解决技术商品化过程中所遇到的资金问题的有效途径是发展多层次资本市场、鼓励风险投资。根据 Lerner 和 Kortum（2000）的研究，在某些行业市场中风险投资活动的增加与专利使用费增长显著相关。在 1982 年至 1992 年，风险资本占美国行业创新的比例约为 8%。Lichtenthaler 和 Ernst（2007）的研究证实，风险投资机构的蓬勃发展增强了技术外部商业化的可能性，风险投资是影响组织技术外部商业化的一大重要因素。

（2）交易主体因素

1）沟通机制

信息不对称性是知识产权交易的主要障碍，因此买方与卖方之间的沟通机制成为知识产权交易中的一个重要因素。高频率的沟通与高质量的沟通可以提高产学合作的效率与有效性（Koskinen，2000）。信息的充分流通是交易成功的基本前提（Williams 和 Gibson，1990；Beechman 和 Hayes，1998）。Robinson（1991）明确地指出："技术移转是沟通的过程。"Nonaka（1994）认为知识转移的客体具有特殊性，因为知识中通常包含隐性知识，隐性知识的转移比较困难，转移的主体之间需要进行充分的沟通。Dyer 和 Singh（1998）认为组织之间的互动程序将会促进联盟企业认知及吸收联盟伙伴的知识。Inkpen 和 Dinur

（1998）认为母公司与合资公司之间可以通过一些互动机制来推动知识转移。交易双方的沟通能够提升彼此之间的信任感，交易的不确定性因为信任得以降低，从而推动交易的实现（Uzzi，1996）。

2）技术势差

技术梯度指的是各地区和部门之间的技术水平有所不同。技术梯度的主要影响因素有生产力发达的程度、经济发展程度以及知识水准。技术梯度和技术水平的差异值呈同比关系。自然界的能量通常会沿着梯度最大的方向流动，而技术属于知识商品，和自然现象恰恰相反，它是沿着梯度最小的方向进行流动的（姜毓锋，2011）。基于技术市场交易的知识流动在知识供给方和知识需求方之间进行时，同样符合梯度最小律。交易双方已有的知识基础、组织系统的兼容性都会影响企业对外部知识的吸收和利用程度（Lane 和 Lubatkin，1998）。所谓兼容性是指知识产权交易买方购买的新技术与它已有的研发或产业化流程能否兼容，以及和自身发展战略是否匹配（Cohen 和 Levinthal，1990）。如果交易的技术和原有的研发或产业化流程越相似，则交易的过程就越顺利（Folster，1995；Sakakibara，1997a）。王曰芬（2007）从知识分布的视角作了分析，她认为不同主体之间知识的不均衡分布导致知识势能上的差异，知识流动的动因之一就是知识势差。如果要实现知识的高效流动，那么知识势差必须是适度的。因为当知识势差过大时，对知识相对弱的一方来说，学习难度较大和对外源知识的吸收能力有限，知识流动的效果会大打折扣（Marjolein，2001）。Cohen 和 Levinthal（1990）进一步指出，知识产权交易买方和卖方的研发人员学习工作实践不同会导致技术知识存量的差异，形成技术势差。技术势差大，转移的难度也越大。

（3）交易客体因素

知识产权交易的客体是知识产权，包括专利、版权、商标等。由于本书研究的是知识产权交易对技术创新绩效的影响，因此在知识产权的各种类型中，专利化的技术是我们的重点研究对象。技术属性是企业知识产权交易过程中的重要影响因素（Linton，2013）。技术属性是技术本身特有的性质，主要包含不确定性、复杂性、成熟性等属性（Wang，2013）。

1）技术的不确定性

技术通常存在高度的不确定性，除了未来收益受到政策、市场和替代技术的不确定性影响外，技术采购后转移的知识和技术也需要不断地更新和改进，无法准确预测交易关系中的技术要求（Walker 和 Weber，1984；Flygansvaer，2002）。Teece（2000）认为技术商品价值的不确定问题是技术市场中的一个瓶颈。Holcomb 和 Hitt（2007）认为，在技术不确定程度比较高的情况下，较大的信息不足增加了机会主义的可能性，使其通过市场交易变得昂贵。因此技术的不确定性越高，知识产权交易实施的难度越大。

2）技术的复杂性

技术的复杂性也是影响知识产权交易的重要因素（刘丽秋和朴华，1997）。如果一项技术的研发周期时间长，研发难度大，则意味着这项技术专业性强，复杂程度比较高。这对技术出让方、技术受让方及中介方都提出了更高的要求。技术发明可以只受一项专利的保护，也可以包含多种发明和数项专利。对于复杂技术来说，它的技术价值评估难度更大。为了降低投资风险，在交易前对其进行的各类调查需要耗费的时间和资源更多，交易成本比较高。当转让一项高度复杂的技术时，为了使受让方能够充分利用这项技术，需要转让的隐性知识数量会非常高，例如出让方会对受让方进行额外的培训。因此复杂技术的交易合同也更复杂，涵盖所有具体要求和相关性（Delmas，1999）。在其他因素都类似的情况下，专业性强、复杂程度高的技术，其适用范围就会比较窄，交易的成功率往往不高。

3）技术的成熟性

技术的成熟性与技术年龄密切相关。任何一项技术产品都存在自身的生命周期，一般从投入市场到退出市场的周期可分为四个阶段：导入阶段、成长阶段、成熟阶段和衰退阶段（姜毓锋，2011）。随着技术年龄的增长，技术日益成熟。如果某项技术已经在很多行业内普及并应用了很多年，那么该技术的相关知识也会在专家团队内传播普及。因此成熟阶段的技术含有专家们都了解的知识，所需要转让的隐形知识会比较少（Bessy 和 Brousseau，1998）。在交易的谈判阶段，成熟技术的价值比较容易评估。但是另一方面，现代技术更新换代越来越快，生命周期越来越短，因此过分久远的技术重新组合、创造新技术的潜力可能会比较小（Ernst，2007）。所以技术的成熟性与知识产权交易之间存在倒 U 形关系。

综上所述，知识产权交易的影响因素可以归纳如表 3.1 所示。

表 3.1 知识产权交易的影响因素

影响因素	具体内容	主要文献来源
环境因素	知识产权制度	Bessy（1998）；任凤珍和杨智杰等（2013）
	中介服务体系	Hoppe 和 Ozdenoren（2001）；Chesbrough（2006）；Howells（2006）；Zhang 和 Li（2009）；Arora 和 Gambardella（2010）；方世建和史春茂（2003）
	风险投资体系	Lerner 和 Kortum（2000）；Lichtenthaler 和 Ernst（2007）
交易主体因素	交易双方之间的沟通机制	Williams 和 Gibson（1990）；Robinson（1991）；Nonaka（1994）；Uzzi（1996）；Inkpen 和 Dinur（1998）；Dyer 和 Singh（1998）；Beechman 和 Hayes（1998）；Koskinen（2000）
	交易卖方和买方之间的技术势差	Cohen 和 Levinthal（1990）；Folster（1995）；Sakakibara（1997）；Lane 和 Lubatkin（1998）；Marjolein（2001）；王曰芬（2007）；姜毓锋（2011）
交易客体因素	技术的不确定性	Walker 和 Weber（1984）；Teece（2000）；Flygansvaer（2002）；Holcomb 和 Hitt（2007）
	技术的复杂性	刘丽秋和朴华（1997）；Delmas（1999）
	技术的成熟性	Bessy 和 Brousseau（1998）；Ernst（2007）

3.2.2 知识产权交易与知识流动

参考 Dahlander 和 Gann（2010）对开放式创新的分类方法，我们根据知识流动方向的不同将企业创新网络中的知识流动分成内向式和外向式两种类型。内向式知识流动是指企业利用外部的知识源，将外部有价值的创意、知识、技术整合到企业中，来进行创新和商业化过程；外向式知识流动是指企业成为其他组织的知识源，将内部有价值的创意、知识、技术输出到组织外部，由其他组织来进行商业化的过程。同时根据在流动的过程中是否涉及经济交易，将企业创新网络中的知识流动进一步细分为四种类型（见表 3.2）。

表 3.2 企业创新网络中知识流动的分类表

	内向式	外向式
经济交易	类型Ⅰ	类型Ⅱ
非经济交易	类型Ⅲ	类型Ⅳ

其中类型Ⅰ为内向整合型，指通过市场的方式来购买创新过程中的知识，或者是接受相关的技术授权。从外部环境中购买或者整合技术和专利，不仅可以帮助企业解决靠自己力量难以解决的问题，还有助于降低成本。但是内向整合型的知识流动要求企业拥有高水平的技术专家，来搜索和评估各种创意和技术。类型Ⅱ为外向授权型，是指企业通过出售/授权给其他组织的方法，来实现组织内部技术和创意的商业化的过程。研究表明，技术和发明的授权或者出售变得越来越普遍，越来越多的企业将它们内部的技术知识授权到组织外部。有些欧美大型的企业（如 IBM 和德州仪器）甚至把它作为最重要的战略方向来执行。类型Ⅲ为内向获取型，就是指从外部知识源免费地获得相关创新信息和知识类型。类型Ⅳ为外向释放型，指将企业内部的知识、信息和资源输出到外部环境中，而不获得直接的经济回报。虽然外向释放型并不能带来直接经济利益，但是可以带来间接利益。例如，它有助于形成联智发明（Collective Invention），即企业与其竞争对手都互相公布其研究创意和成果，促成非正式合作网络的建立。常见的免费释放型有开放源代码软件（Open Source Software，OSS）和虚拟社区（Virtual Community）。

根据上文得出的分类表，知识产权交易主要涉及的是企业创新网络知识流动中的类型Ⅰ和类型Ⅱ，即内向整合型和外向授权型。某些知识产权交易同时包含这两种类型的知识流动（Lichtenthaler，2008），例如交叉许可。企业在交叉许可中通常会转让其部分技术来换取它所需要的外部知识（Grindley 和 Teece，1997）。知识产权交易推动了知识产权从企业专用性资产向交易性资产的转变，有助于知识的加速流动。知识产权交易越频繁，知识流动的效率就越高。因此，本研究假设知识产权交易与知识流动（内向整合型和外向授权型）之间存在正相关关系。

3.2.3　知识流动与创新绩效

Nonaka 与 Takeuchi（1995）提出，当企业面临竞争的环境时，必须通过知识流动来创造新知识，如此才能创造和维持组织的竞争优势。Kostova（1999）和 Hansen（2002）也认为组织之间如果能有效地进行知识流动有助于提升企业的竞争能力。Luo 和 Peng（1998）通过对中国地区的企业样本研究发现，能够快速有效进行知识流动的企业在新产品开发、销售额增长以及区域竞争性方面都占有优势。技术知识的有效利用正向影响企业的技术创新绩效（Massey 2002）。Takehiko Isobe 等（1998）发现，外资企业对其海外子公司的知识流动越有效率，子公司就越有可能获得良好的创新绩效。

内向整合型和外向授权型两种类型的知识流动对企业的创新绩效均有提升作用。以专利许可为例，其对交易双方企业都是有益的。对专利被许可企业来说，专利许可交易属于内向整合型知识流动，它能使被许可企业引入新的知识要素，形成多元化的知识结构，提升技术创新能力。对专利许可企业来说，专利许可交易属于外向授权型知识流动，一方面可以充分实现知识的价值，为企业带来一定的经济收益，该收益可作为新的研发投入资金；另一方面它也能从被许可企业对许可技术后续开发所形成的知识溢出中获益。同时，专利许可交易有助于被许可企业和许可企业长期合作关系的建立，为知识的有效转移和持续流动打下基础。为了使许可技术在被许可企业中得到更好的应用效果，专利许可企业往往会通过技术示范等方式对被许可企业进行培训和指导。除此之外，被许可企业和许可企业因为交易的关系进行了多次的沟通交流，这一过程会产生隐性知识的转移，例如许可方的技术数据、创新制度、开拓市场的经验等（王元地等，2012）。因此，本研究假设知识流动（内向整合型和外向授权型）与企业技术创新绩效之间存在正相关关系。

3.2.4 企业学习吸收能力的调节作用

外部知识来源对于企业创新绩效的影响研究从"引进—消化吸收—再创新"模型的提出开始，被研究者们所广泛讨论。然而，外部知识来源对于企业创新绩效影响研究得出的不一致结论也引发了我们的深思。外部知识来源到底如何才能促进企业的创新绩效？学者们通过引入吸收能力（Absorptivity）来解读研发网络国际化与创新绩效之间、技术赶超与知识转移之间的关系（Lahiri，2010；Zhang 等，2010；Edler 等，2011；Figueiredo，2011）。吸收能力是指企业有能力去辨识新的价值、获取新的资讯、消化吸收以促进知识的创造（Cohen 和 Levinthal，1990）。学者们发现技术转移存在很多困难（Teece，1977；Rosenberg，1976；Levin 等，1987），即使是技术模仿，它的学习成本也十分高昂。技术复杂程度的不断提高导致了学习成本的增加。和以往相比，对模仿者的吸收能力提出了更高的要求。技术后发者的学习周期日趋接近先发者的创新周期，技术后发者因此陷入了依附的陷阱。

能否突破技术后发者的依附陷阱，创新是否能取得成功，企业的吸收能力和知识吸收效果成为关键因素。企业所处的外部竞争环境已经发生了巨大的变化，产品开发周期明显变短，技术被快速迭代。技术创新是一个累积过程，为了更高效地获取外部知识，企业本身必须自行研发并具备一定的技术学习能力，这对于新技术的吸收与改良有很大的帮助（Teece，1992）。企业本身知识的积存决定了它如何应用、整合、开发的基础（Grant，1996）。毫无疑问，无论是内向式的知识流动，还是外向式的知识流动，企业都需要具备消化、转化和利用知识的能力，才能转化提升企业自身的知识，从而提升企业的创新能力（蒋子军，2008）。企业开发外部知识的能力与吸收能力有关，Cohen 和 Levinthal（1990）发现，吸收能力能帮助企业将外部知识内部化，对开放式创新的绩效有显著影响。吸收能力能使企业更高效地输入外部新知识，增加企业的知识积累，将外部新知识应用于产品和服务创新中（Ja‐Shen，2002）。技术学习推动了创新和研发活动的全球化（Laursen 和 Salter，2006）。Lichtenthaler（2009）也强调了组织内部的学习吸收能力对开放式创新实施的重要作用。因此，本研究假设企业的学习吸收能力对知识流动影响创新绩效起到正向调节作用，企业的吸收能力越强，则知识流动对创新绩效的影响效果越大，反之亦然。

3.2.5　知识产权交易对创新绩效作用机制的概念模型

通过上文的理论推导，我们将图 3.2 理论初设模型进行一步细化，图 3.3 是细化之后的知识产权交易对创新绩效作用机制的概念模型。

在知识产权交易对创新绩效作用机制的概念模型中，影响知识产权交易实施的因素主要分为知识产权交易环境因素、交易主体因素和交易客体因素三大类。其中环境因素主要有知识产权制度、中介服务体系、风险投资体系，交易的主体因素指的是交易的买方与卖方之间的沟通机制、技术势差，交易客体因素指的是技术的不确定性、复杂性和成熟性。

企业创新网络中的知识流动可细分为四种类型，其中与知识产权交易有关的是内向整合型和外向授权型知识流动。知识流动是知识产权交易影响企业创新绩效的中介变量，企业的学习吸收能力对知识流动影响创新绩效起到正向调节作用。

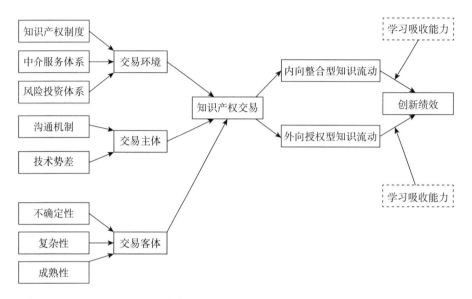

图 3.3 知识产权交易对创新绩效作用机制的概念模型

第4章　知识产权交易对创新绩效影响的实证研究

4.1　引言

在知识产权交易领域一直缺乏深入的定量研究，主要难点在于知识产权交易的类型比较复杂，交易的数量难以统计，国内外尚没有统计知识产权交易的成熟数据库。以专利许可证转让方式进行的知识产权交易，是目前知识产权交易中比例最多的类型，占所有知识产权交易的 50% 以上。我国在 2008 年出台了《专利实施许可合同备案办法》，规定自合同生效之日起 3 个月内，专利权人应当向国务院专利行政部门备案。中国国家知识产权局专利实施许可登记备案数据是目前世界上唯一公开记载技术许可详细信息的数据库。因此本章将专利许可交易作为知识产权交易定量化研究的切入口，利用国家知识产权局专利许可交易登记数据，结合德温特创新索引数据库中的专利申请、引证数据，尝试对知识产权交易与交易受让方企业后续创新绩效之间的关系进行研究。

近年来中国专利数量快速增长，例如，2016 年与 2000 年相比，年专利数量已增长了 16 倍。根据国家知识产权局 2016 年 9 月的月度报告，截至 2016 年 9 月，我国国内发明专利受理量累计为 569.5 万件，同比增长 37.7%；授权量累计为 142.3 万件，同比增长 44.3%。兰德智库（RAND）通过测算全要素生产率（TFP）发现了中国创新的悖论，专利数量增加并没有带来专利质量的提高。那么，如何从专利的数量大国迈向质量强国，提升我国的专利质量成为了当前中国政府和企业关注的焦点。

企业的技术创新活动在完善的专利体制下表现为专利竞赛，在专利竞赛中专利质量的高低比专利数量的多少更为重要。国内外学者对专利质量进行了一系列的理论与实证研究。早期研究多为解释专利质量的概念及构成，后期研究的重点转向如何对专利质量进行合理的评估和测度。学者们对专利质量的各种测度指标进行了深入的研究，例如可以通过 IPC 分类号个数（Lerner，1994）、同族专利的个数（Lanjouw，2004）、权利要求数量（Nagaoka，2007）来评价专利技术的覆盖范围。发明专利比例、专利授权率（万小丽，2009）、专利维持率（宋河发，2010）、专利维持时间（朱雪忠等，2009）因为数据的易得性成为国内学者在实证研究中经常使用的指标。在众多专利质量的度量指标中，专利引证数据是认可程度最高的指标。专利的引证数据可分为两类，即后向引用及前向引用。后向引用反映了该专利相关创新活动的知识来源，被学者们普遍用于国家（Trajtenberg，2001；Hu，2003）、产业（Rnsenkopf，2003；Wu，2006）、企业（He，2004；Lee，2007）层面的知识流动分析。前向引用反映了该专利的技术影响力，它属于偏态分布，正好契合专利质量的分布（万小丽，2014）；如果一项专利大量被引用，则表示该项专利有更高的质量（Trajtenberg，1990）。Iwan 等学者（2005）认为可通过引证链（Citation Chains）来获取更多的前向引用信息。与此类似，Atallah 和 Rodriguez 在 2006 年提出了"累积引证"（Cumulative Citation）的概念。其他和引证数据相关的衍生指标主要有即时影响指数、技术强度、科学关联度、技术循环周期（Narin 和 Carpenter，1984；Albert 和 Avery，1991；Hirschey 和 Richardson，2001）。

虽然专利前向引用次数被认为是最客观有效的专利质量评估指标，但国内学者使用前向引用进行专利质量实证研究的较为少见。其中一个原因是前向引用数据存在时间截面、引证膨胀、技术领域差异三大难题，如果不加修正直接使用会导致错误的结论。另外，目前尚没有比较权威的中国专利引文数据库，数据来源存在局限性。德温特创新索引数据库是目前世界上最全面的国际专利信息数据库，涵盖了世界上五大专利机构授予专利的申请信息及引用信息。数据库的每一条记录是一个专利家族，包含一个或多个专利号，记录了同一个发明在世界各地的申请情况。

根据 OECD（2008）的定义，专利族是指具有共同优先权、在不同国家或国际专利组织多次申请、多次公布或批准的内容相同或基本相同的一组专利。鉴于很大比例的专利申请都以早期的发明为基础，因此基于先前信息形成的专利族数据至关重要。专利族通常是作为一个整体用来保护该发明的独占权，所以和单件专利相比将专利族作为分析创新绩效的单元更有意义。

但是使用德温特创新索引数据库分析中国专利存在两个难点：一是中英文信息转换过程中的匹配问题；二是以往对专利前向引用分析的研究都是基于单件专利的分析，缺少对专利家族前向引用的系统分析。并且，在现有的前向引用修正模型中只能对引用次数不为零的专利进行全生命周期引用次数的估计。

另一方面，学术界和实业界对专利许可与企业自主创新能力成长的关系一直存在争论。例如，Lowe 和 Taylo（1998）认为许可引进能使企业形成更加多元化的知识结构；王元地等（2012）认为技术许可是中国企业建立研发投入的良性运行机制，技术学习在许可引进和技术创新能力成长之间发挥了桥梁和纽带作用。但也有一些学者认为，外部技术引进可能产生"挤出"效应，导致企业本身技术创新能力的减弱（Pillai，1979）。虽然关于专利许可与企业创新能力关系的研究已经取得了诸多的成果，但专利质量作为企业创新能力的一个重要表征，尚没有论文对专利许可与专利质量之间的关系作过深入研究。

综上所述，针对前人研究存在的不足和空缺，本章拟研究的问题是专利许可交易的经历是否会对专利受让企业后续的创新绩效产生影响？本研究将构建专利族全生命周期前向引用次数的测度方法，基于专利族中已被引用专利的前向引用次数预估当前未被引用的专利未来的累计引用概率值。在此基础上，通过专利的前向和后向引用数据探索许可经历与专利受让企业后续创新绩效之间的关系。

后续章节将从以下几个方面展开论述：首先定义实证研究的关键变量并提出了研究假设，阐述研究数据的来源和样本的选择依据；接着介绍模型回归方法及实证检验过程；最后总结实证研究的主要结论和创新点。

4.2　研究设计

4.2.1　被解释变量——创新绩效

专利数量在创新研究领域被广泛用于企业创新绩效的测度（Pakes，1980；Trajtenberg，1990）。但近年来由于企业、科研院校常常将专利申请量和授权量作为申请高新技术企业的砝码和科研业绩指标，政府部门又出台了一系列专利申请补贴政策，致使我国专利的数量急剧膨胀，专利数量与企业实际的创新能力不符。国外学者如 Narin、Albert、Trajtenberg、Lanjouw、Schankerman、Reitzig 等，从 20 世纪 80 年代开始研究专利质量指标，他们认为用"专利质量"来代替"专利数量"测度企业的创新绩效更为客观。因此本研究将专利质量作为测度企业技术创新绩效的指标。

"专利质量"本身的数据难以直接获取，如前文所述在众多专利质量的度量指标中，专利前向引用次数是认可程度最高的指标（Trajtenberg，1990；万小丽，2014）。因此在 Hall 等人（2001）研究基础上，本研究使用"专利族全生命周期前向引用次数"$C_{k(L)}$ 作为专利质量的代理变量，具体公式如下：

$$C_{k(L)} = AFC_{k(L)} + \frac{AFC_{k(L)}}{FC\_pni}(PNn - FC\_pni) \cdot P_{k(L)} \qquad （1）$$

$C_{k(L)}$ 的值受到专利技术领域 K 和专利引用的滞后期 L 两个因素的影响。技术领域 K 依据专利的国际 IPC 分类码划分为电气工程、通信、化学（除药物以外）、药物和医疗、机械工程、其他领域六大类。滞后期 L 是施引专利和被引专利授权年份的时间差值。公式中的 PNn 是专利族中所包含的所有专利个数，FC_pni 是专利家族中已经被引用的专利个数，因而（PNn - FC_pni）指的是当滞后期为 L 时专利家族中尚未被引用的专利个数。$AFC_{k(L)}$ 是全生命周期的前向引用估计值（关于它的计算公式会在后文中具体阐述）。$\frac{AFC_{k(L)}}{FC\_pni}$ 即已被引用专利的平均前向引用次数，我们将它作为基数来估计专利族中那些尚未被引用专利的前向引用次数。$P_{k(L)}$ 是专利将来被引用的累积概率值（详见后文中的说明）。

4.2.2　全生命周期的前向引用估计值 $AFC_{k(L)}$

$$AFC_{k(L)} = FC_{k(L)} \cdot \left[\alpha_{k(L)} \right]^{-1} \qquad （2）$$

$FC_{k(L)}$ 是专利族原始的前向引用次数，由专利族中已被引用的专利的前向引用次数累加而得。如果直接采用原始的前向引用次数作为模型的变量，则会存在时间截面、引证膨胀、技术领域差异等问题。为了修正这三个问题所引起的偏差，Hall 等学者在 2001 年提出了准结构（Quasi – Structural）修正法，他们假设专利引用分布符合双指数函数：

$$f_{k(L)} = \exp(-\beta_{1k}L)(1 - \exp(-\beta_{2k})) \tag{3}$$

$f_{k(L)}$ 函数最初是由学者 Caballero 和 Jaffe 在 1993 年提出的，函数中的参数 β_{1k} 表示技术 K 的衰退系数，β_{2k} 表示技术 K 的扩散系数。根据函数值可描绘出技术领域 K 专利被引的滞后分布图，横坐标代表滞后的时间 L（年），纵坐标为本年专利被引次数占全部被引次数的比例（详见图 4.1）。$\alpha_{k(L)}$ 是当滞后期为 L 时技术领域 K 的专利被引次数占全部被引次数的累计比例，即 $\alpha_{k(L)} = \sum_{i=1}^{L} f_{k(i)}$。Hall 等学者将滞后期限制为 35 年，根据被引年份为 1963～1999 年、施引年份为 1975～1999 年、6 个技术领域共 3600 个美国专利数据估算出了相关参数（详见附录）。

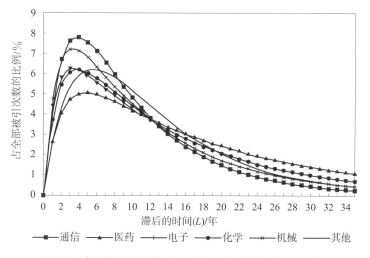

图 4.1　专利引用滞后分布图（假设滞后期最长为 35 年）

资料来源：HALL B H, JAFFE A B, TRAJTENBERG M. The NBER patent citations data file：Lessons, insights and methodological tools ［R］. NBER Working, 2001.

4.2.3　专利将来被引用的累积概率值 $P_{k(L)}$

$$P_{k(L)} = P_{k(X>L|X=L)} \begin{cases} \dfrac{\xi - \alpha_{k(L)} * \xi}{1 - \alpha_{k(L)} * \xi}, & L < 35 \\[2mm] 0.05, & L \geqslant 35 \end{cases} \tag{4}$$

$P_{k(L)}$ 指的是当滞后期为 L 时尚未被引用的专利在将来被引用的累积概率值。如前文所述，Hall 等学者（2001）估算的相关参数是建立在专利引用滞后期最长为 35 年的前提下。但实际上专利的引用是一个长期的过程，一项专利被授权以后任何时候都可能被引用，不受保护期限的限制。引用的峰值一般在专利授权后的第 5 年出现。虽然 5 年之后被引用的概率越来越小，但一些有影响力的高质量专利在授权 50 年以后仍然会被引用（如图 4.2 所示）。

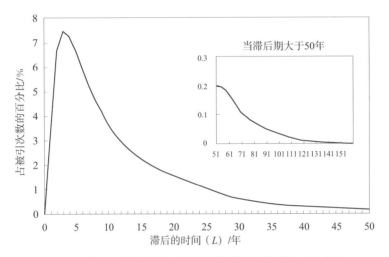

图 4.2　专利引用滞后分布图（假设滞后期最长为 151 年）

资料来源：HALL B H, JAFFE A B, TRAJTENBERG M. The NBER patent citations data file: Lessons, insights and methodological tools ［R］. NBER Working, 2001.

我们将 $P_{k(L)}$ 设计成一个分段函数，当滞后期 L 小于 35 年时，根据条件概率公式及 Hall 等学者估算的 $\alpha_{k(L)}$ 数值，我们可得到 $P_{k(L)}$ 的计算公式。其中系数 ξ 指的是滞后期为 35 年时的累积引用率占整个生命周期的百分比。根据以往的研究结果，这一比例大约为 90%。当滞后期 L 大于等于 35 年时，由于专利被引用的概率比较小，我们将 $P_{k(L)}$ 简单估算成 0.05。

4.2.4　解释变量——专利的后向引用类型

本章的研究问题是"专利许可交易经历是否会对交易受让公司后续的创新绩效产生影响"。专利的后向引用是创新中知识流动的重要测度指标，Jaffe 等（1998）首次将引文信息用于评估不同组织之间的技术溢出，例如组织联

盟之间的技术溢出。专利的后向引用反映了该专利相关创新活动的知识来源
（Trajtenberg，2001；Hu 2003；Rnsenkopf，2003；Wu，2006；He，2004；Lee，
2007）也因此成为我们观测专利与许可交易关联的一个窗口。假设在观测期内
专利许可出让企业和专利许可受让企业有 n 条交易专利，那么在交易发生以
后，专利许可受让企业后续申请的专利的后向引文可分为六种类型（详见
图4.3）：①直接引用了交易专利中的一条或多条；②间接引用了交易专利中
的一条或多条；③和交易专利中的一条或多条存在共引；④后向引用了专利出
让企业的专利，但不属于前三种情况的；⑤后向引用了出让企业以外其他企业
或机构的专利；⑥该专利没有任何后向引用信息。

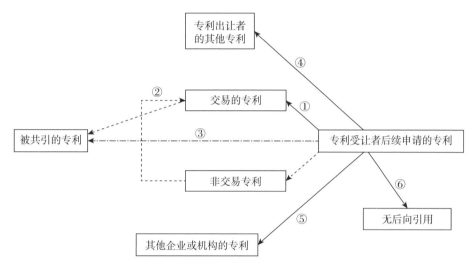

图4.3　专利后向引用分类

　　在这六种类型中，前四类后向引用都是和专利许可交易的出让方企业有
关的。

　　① 直接引用了交易专利（见图4.4）。这一类型是指专利受让方的企业在
专利许可交易行为发生后所申请的专利后向引用了交易专利中的一条或多条。
将交易专利的专利号作为关键词在专利受让者所申请专利的后向引用中进行匹
配搜索，我们可以找到这一类专利。

图4.4　直接引用类型

② 间接引用了交易专利（见图4.5）。这一类型是指专利受让方企业在专利许可交易行为发生后所申请的专利后向引用了某一专利（假设为 A，A 有可能属于专利许可交易的出让方企业，也有可能属于其他企业或机构），而专利 A 后向引用了交易专利中的一条或多条。将专利受让者所申请专利的后向引用与交易专利的前向引用进行匹配搜索，如有重合的即为间接引用类型。

图4.5　间接引用类型

③ 和交易专利存在共引（见图4.6）。这一类型是指专利受让方企业在专利许可交易行为发生后所申请的专利与交易专利中的一条或多条后向引用了同一个专利。可将专利受让者所申请专利的后向引用与交易专利的后向引用进行匹配搜索，如有重合的即为共引类型。

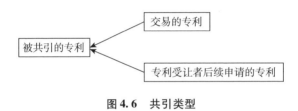

图4.6　共引类型

④ 后向引用了专利出让企业的专利，但不属于前三种情况的。这一类型是指专利受让方企业在专利许可交易行为发生后所申请的专利后向引用了专利许可交易出让方企业的某专利，但已排除了存在前述的直接引用、间接引用和共引情况。

在对数据的初步分析中，我们发现直接引用、间接引用、共引这三种类型的数量非常少，不适合进行单独的数据分析，因此将它们和第四类合并成一个大类，即"后向引用了专利许可出让方企业的专利"。

为了考察许可经历与专利质量之间的统计关系，我们根据专利申请时的后向引用信息设计了分类变量 $type$，变量值1代表专利许可受让企业在申请专利时后向引用了专利许可出让方企业的专利，变量值2代表后向引用了除专利许可出让企业之外的其他企业或机构的专利，变量值3则代表没有任何后向引用信息；并相应地设计了 $type1$、$type2$、$type3$ 三个虚拟变量作为回归模型的自变量。相关的假设如下：

假设 H1：知识产权交易会对创新绩效产生正向影响。

假设 H2：后向引用了专利许可出让企业的专利质量显著优于其他两类的专利质量。

假设 H2a：后向引用了专利许可出让企业（type1）的专利质量显著优于引用了其他企业或机构（type2）的专利质量。

假设 H2b：后向引用了其他企业或机构（type2）的专利质量显著优于没有任何后向引用（type3）的专利质量。

同时参考前人的研究成果，使用专利技术通用性、专利文献标题字数、专利授权年份作为模型的控制变量（Lerner，1994；Hirschey，2004；朱雪忠，2009）。本研究主要涉及的变量名称、变量类型及含义详见表4.1。

表 4.1　模型变量说明

变量名称	变量类型	变量说明
专利质量 CKL	因变量	专利族全生命周期前向引用次数
类别虚拟变量 type1	自变量	1 表示后向引用了专利出让方企业的专利
类别虚拟变量 type2	自变量	1 表示后向引用了其他企业或机构的专利
类别虚拟变量 type3	自变量	1 表示没有任何后向引用信息
专利技术通用性 IPnn	控制变量	专利记录中 IPC 分类号的个数
专利文献标题字数 TIn	控制变量	专利文献标题中所包含的单词数量
专利授权年份虚拟变量 year	控制变量	每一年为一个虚拟变量，例如 year2006

4.2.5　数据来源和样本选择

本研究的数据主要由三部分构成：专利许可交易信息、许可受让者的专利申请信息、许可受让者专利的前向引用信息。企业在进行了专利许可交易后，需要足够的时间进行消化、学习和再创新。根据 Hall 等（1986）关于企业研发投入与专利申请滞后期的分析，Hagedoorn 和 Cloodt（2003）、Ahuja 和 Katila（2001）关于企业技术并购对企业创新绩效影响的研究结果，企业研发投入与创新产出的滞后时间大约为 5 年。而对专利前向引用的观测也需要一定的时间长度，5 年的观测期是研究中经常使用的（Hall，2001；Lee，2007；万小丽，2014）。因此综合考虑专利许可交易信息、许可受让者的专利申请信息、许可受让者专利的前向引用信息之间存在的时间滞后性，本研究将专利许可交易信息的样本观察期定为 2002～2005 年，许可受让者的专利申请信息的观察期为 2006～2010 年，许可受让者专利的专利前向引用信息的观察期为 2007～2015 年。至于专利前向引用信息存在的时间截面问题，我们在模型因变量的设计中已经进行了修正。依据前文所述研究变量与逻辑，本章实证研究的研究思路如图 4.7 所示。

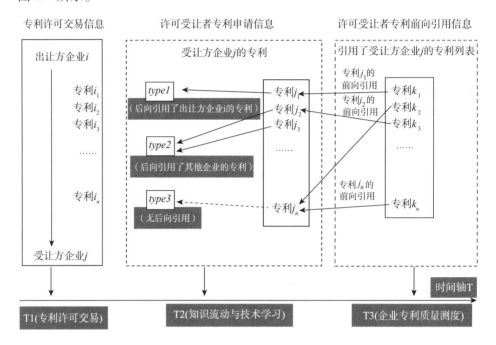

图 4.7　实证研究思路

假设在时间 T1，专利出让方企业 i 和专利受让方企业 j 进行了专利许可交易，将一件或多件专利（i_1，i_2，$\cdots$，i_n）许可给专利受让方企业 j 使用，专利受让方企业 j 因而获得了在一定期限或条件下使用许可技术的权利。交易行为促进了专利出让方企业 i 和专利受让方企业 j 之间的知识流动，也成为专利受让方企业 j 技术学习的催化剂，许可引进技术与专利受让方企业 j 原有技术重新组合形成了多元化的知识结构。经过一段时间的消化和吸收，在时间 T2，专利受让方企业 j 申请了一系列属于自己的专利（j_1，j_2，$\cdots$，j_n）。根据这些专利后向引用与交易专利（i_1，i_2，$\cdots$，i_n）之间的关系，我们将其分为三种类型（如 4.2.4 节所述）。接着在时间 T3，我们收集了专利受让方企业 j 所申请的专利（j_1，j_2，$\cdots$，j_n）的前向引用信息（即专利质量）。通过对后向引用类型和专利质量数据进行统计分析来揭示专利许可交易是否会对交易受让方企业后续创新绩效产生影响。

其中专利许可交易信息来自于中国企业专利实施许可登记备案库。该数据库主要包含的信息有专利许可交易发生的时间、交易的专利号、交易双方的名称等，具体如表 4.2 所示。专利实施许可的交易主体包含企业、个人等，但是考虑到个人之间、个人到企业的专利许可存在偶发性，因此不属于本书的研究对象。同时考虑到中外合资、外商独资和中外合作企业创新绩效的影响因素比较复杂，所以本书将中国本土企业作为样本企业，剔除了中外合资、外商独资和中外合作企业以及个人之间、个人到企业的许可信息。在专利许可交易信息的样本观察期 2002～2005 年，我们共收集到 553 条符合要求的交易记录，涉及的专利受让方企业有 134 家。

表 4.2　专利许可登记备案数据库主要字段

字段名称	含　义
YY	专利许可交易发生时间（年份）
PN	交易的专利号
TI	交易的专利名称
LRN	专利出让者名称
LEN	专利受让者名称
NR	交易登记号
RD	登记日期

通过对中国国家知识产权局专利信息数据库的检索，在专利申请信息观察期 2006～2010 年，这 134 家许可受让方企业中有 72 家在交易后存在专利申请行为。国家知识产权局专利信息数据库主要包含的信息有专利号、专利名称、专利权人、国际专利分类号等，具体如表 4.3 所示。由于国家知识产权局专利信息数据库缺乏专利的引用信息，我们选择德温特创新索引数据库对这 72 家公司的专利申请信息和引用信息进行进一步的搜索。

表4.3 国家知识产权局专利信息数据库主要字段

字段名称	含　义
PN	专利号
TI	专利名称
AD	专利申请日期
PAN	专利权人
AB	专利摘要
IC1	主分类号
IC2	国际专利分类号

德温特创新索引数据库主要包含的信息有专利号、发明人、专利权人、国际专利分类号等，具体如表4.4所示。

表4.4 德温特创新索引数据库主要字段

字段名称	含　义
PN	专利号
TI	专利名称
AU	发明人
AE	专利权人
GA	德温特主入藏号
IP	国际专利分类号
DS	指定州/国家/地区
CP	专利引用信息

德温特创新索引数据库是英文数据库，存在专利权人名称中英文转换问题，同一家中国企业在德温特创新索引数据库里可能拥有多个英文名称。针对这一问题，我们对数据进行了预处理：将在交易后有专利申请行为的72家公司在国家知识产权局专利信息数据库中记录的 PN 字段（专利号）进行提取，接着将专利号作为关键词在德温特创新索引数据库中搜索这家公司可能存在的英名名称，然后进行名称的汇总、申请信息的数据合并。德温特创新索引数据库近年来对重名问题也已作了改进，一些大型的科研机构和企业都被赋予唯一的标识码。由于德温特创新索引数据库中早期专利申请量较小的一些中国企业存在数据缺失，最终我们在德温特创新索引数据库中能够找到完整专利申请信

息的企业样本数为 46 家。对这 46 家企业的专利申请信息进行初步分析，我们发现其中一半的专利申请量来自比亚迪公司。比亚迪公司拥有 IT、汽车及新能源三大产业，是一家非常具有代表性的中国本土创新企业，并且它在德温特创新索引数据库中拥有唯一的企业标识码（BYDB - C），便于我们后续对其专利前向引用、后向引用信息进行搜索匹配分析。基于以上因素，我们最终选择了比亚迪公司作为本研究的样本企业。

在德温特创新索引数据库中搜索到 2006 ~ 2010 年比亚迪公司共有 4716 条专利申请记录，其中有 97 条记录后向引用了专利许可出让企业的专利。本研究并未采用分类等概率抽样方法，而是采用了"重点类别指定 + 简单随机抽样"的方法。本章的研究问题是"专利许可交易经历是否会对专利受让企业后续的专利质量产生影响"，样本中的第一类"后向引用了专利许可出让企业的专利"，对本研究具有独特的价值，在统计学中属于"自我代表性抽样"，因此所有属于第一类的 97 条记录都被纳入了分析样本中。本研究中样本的选取分为两个步骤：首先，梳理所有的专利申请样本 4716 条记录，将具有独特研究价值的第一类 97 条记录直接指定为样本数据；然后，在剩余的 4619 条记录中采用简单随机抽样，在综合考虑了样本覆盖面和实际可操作性两个层面，将抽样个数定为 500 个，最终得到了我们的专利分析样本共 597 条记录。接着我们在数据库中搜集了 2007 ~ 2015 年比亚迪公司的前向引用记录共 7778 条，并将 597 条专利分析样本和 7778 条前向引用记录导入到 Stata 软件作为后续分析的基础数据。

4.3　实证分析

4.3.1　描述性统计分析和模型回归方法

表 4.5 是样本的描述性统计信息。因变量专利质量为非负的离散型整数变量，采用一般的线性回归会产生无效和有偏的系数，计数模型则提供了一种更好的解决方法。计数数据的概率分布主要有泊松分布和负二项分布两种，泊松分布的一个基本假定是数据的均值等于其标准差。由表 4.5 可知，专利质量的标准差

大于均值，呈超离散分布，符合负二项分布。而且通过初步的样本数据分析发现专利质量的零值较多，因此我们采用零膨胀负二项回归模型（Zero Inflated Negative Binomial Regression）作为本书的研究模型。为了控制异方差现象，自变量和控制变量在运行模型时除了虚拟变量外都采用了原变量的对数形式。

表 4.5　样本的描述性统计分析

变量名称	mean	min	max	SD	N
专利质量 *CKL*	6.59	0.00	165.52	14.24	597.00
后向引用类别 *type*	2.47	1.00	3.00	0.76	597.00
原始前向引用次数 *FC*	1.38	0.00	22.00	2.53	597.00
全生命周期前向引用次数 *AFC*	3.89	0.00	63.06	6.91	597.00
专利族中的专利个数 *PNn*	2.25	1.00	53.00	3.38	597.00
专利通用性 *IPnn*	3.44	1.00	30.00	3.21	597.00
专利文献标题字数 *TIn*	28.68	7.00	42.00	7.18	597.00

4.3.2　实证结果

回归模型的具体检验结果如表 4.6 所示。模型 1 为只包含了控制变量的基础模型，模型 2 为加入了自变量后的零膨胀负二项回归结果。模型 3 和模型 4 分别为泊松和普通负二项回归模型结果，作为本研究模型的对照组一起列出。

表 4.6　专利质量 *CKL* 回归模型分析结果

变量	模型 1	模型 2	模型 3	模型 4
type1		0.492 ***	0.573 ***	0.533 **
		(0.168)	(0.193)	(0.221)
type2		0.423 ***	0.557 ***	0.541 ***
		(0.136)	(0.175)	(0.173)
ln*IPnn*	0.581 ***	0.442 ***	0.621 ***	0.390 ***
	(0.0632)	(0.0740)	(0.160)	(0.101)
ln*TIn*	− 0.301 *	− 0.289 *	− 0.339	− 0.270
	(0.163)	(0.164)	(0.270)	(0.217)
year2007	0.0214	− 0.299	0.169	− 0.217
	(0.327)	(0.303)	(0.367)	(0.440)

变量	模型 1	模型 2	模型 3	模型 4
year2008	-0.188	-0.263	-0.0305	-0.388
	(0.302)	(0.276)	(0.363)	(0.426)
year2009	-0.0185	-0.183	0.167	-0.269
	(0.299)	(0.275)	(0.350)	(0.416)
year2010	0.0601	-0.0943	-0.0160	-0.373
	(0.312)	(0.285)	(0.377)	(0.431)
Constant	2.148 ***	2.956 ***	1.933 **	2.365 ***
	(0.293)	(0.605)	(0.856)	(0.0809)
Observations	597	597	597	597
Log likelihood	-1405	-1398	-4499	-1462

注：括号内为标准误差 *** p<0.01；** p<0.05；* p<0.1。

模型 2 中自变量 $type1$、$type2$ 的系数分别为 0.492 和 0.423，p 值均小于 0.01，证明了它们对因变量创新绩效（专利质量）具有非常显著的正向影响。本书的研究假设 H1 得到了支持。控制变量中专利技术通用性对专利质量也显示出非常显著的正相关性，这和前人的研究结论是一致的。作为对照组的两个模型在变量的显著性和方向性上都和研究模型体现出了高度的一致性。

为了进一步检验研究假设 H2，我们将后向引用的三种类型进行了基于 Scheffe 统计量的对比检验，结果如表4.7 和表4.8 所示。

表 4.7　专利质量 CKL 均值的分类统计表

后向引用类别	专利质量均值	Std. Dev.	Freq.
1	12.179519	20.777107	97
2	9.8464992	20.756095	122
3	4.1058578	7.3820621	378
总计	6.5907882	14.235097	597

通过专利质量 CKL 均值的分类统计表（表4.7）和不同类型后向引用的专利质量 CKL 均值图（图4.8），我们可以很直观地看到类别 1 的专利质量均值明显要高于类别 2 和类别 3。但是在 Scheffe 检验结果表中（表4.8），类别 2

的专利质量均值虽然比类别 1 低 2.33，p 值却为 0.466，说明两者在统计意义上不具有显著差异，本书的研究假设 H2a 只得到了部分支持。类别 3 的专利质量均值均低于类别 1 和类别 2，且在统计意义上具有显著差异（$p = 0.000$），因此本文的研究假设 H2b 得到了完全支持。

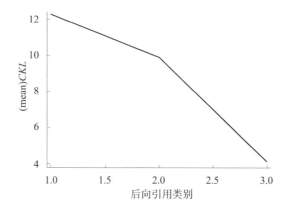

图 4.8　不同类型后向引用的专利质量 *CKL* 均值图

表 4.8　基于 **Scheffe** 检验的专利质量 *CKL* 均值分类对比表

专利质量均值	类别 1	类别 2
类别 2	− 2.33	
	(0.466)	
类别 3	− 8.07	− 5.74
	(0.000)	(0.000)

注：括号内为 p 值。

4.3.3　去除自引专利后的稳健性检验

"专利自引"是专利引证中的常见现象，指在先专利被该专利权利人的在后专利所引用。原始前向引用次数 *FC* 是因变量 *CKL* 的关键过程变量。我们在统计 *FC* 的变量值时，其实包含了专利许可受让企业的一些自引专利。为了去除这部分自引专利对模型因变量的影响，我们对数据进行了进一步的清理，在统计原始前向引用次数时剔除了自引专利，并命名为新变量 *FCX*，然后按照原来 *CKL* 的计算公式重新计算了因变量专利质量（变量命名为 *CKLX*）。将自变量、控制变量、模型回归方法保持不变，采用更为客观的 *CKLX* 值作为因变量，再次对本书的研究假设进行了检验。回归模型的具体结果如表4.9 所示。

表 4.9　专利质量 *CKLX* 回归模型分析结果

变量	模型 1	模型 2	模型 3	模型 4
type1		0.507 ***	0.636 ***	0.594 ***
		（0.165）	（0.182）	（0.224）
type2		0.413 ***	0.583 ***	0.562 ***
		（0.132）	（0.182）	（0.179）
lnIPnn	0.551 ***	0.410 ***	0.461 ***	0.316 ***
	（0.0653）	（0.0751）	（0.134）	（0.103）
lnTIn	− 0.214	− 0.196	− 0.200	− 0.184
	（0.160）	（0.159）	（0.264）	（0.220）
year2007	0.138	− 0.0746	0.202	− 0.0130
	（0.315）	（0.294）	（0.346）	（0.348）
year2008	− 0.0377	− 0.0558	− 0.0838	− 0.201
	（0.294）	（0.273）	（0.328）	（0.322）
year2009	0.0838	− 0.00578	0.0507	− 0.107
	（0.291）	（0.271）	（0.331）	（0.317）
year2010	0.167	0.112	− 0.126	− 0.199
	（0.303）	（0.281）	（0.329）	（0.330）
Constant	1.999 ***	2.442 ***	1.640 *	1.890 **
	（0.287）	（0.590）	（0.888）	（0.0820）
Observations	597	597	597	597
Log likelihood	− 1363	− 1355	− 4178	− 1423

注：括号内为标准误差 *** $p < 0.01$；** $p < 0.05$；* $p < 0.1$。

各个模型的含义和前文表4.6 的介绍相同，此处不再重复解释。表4.9 中各个结果和表4.6 中的结果基本一致，自变量和控制变量专利技术通用性对因变量创新绩效（专利质量）都具有非常显著的正向影响，证明了之前研究结论假设 H1 成立的稳健性。

类似地，我们也对后向引用的三种类型进行了基于 Scheffe 统计量的对比检验，结果如表4.10、表4.11 所示。

表 4.10 专利质量 *CKLX* 均值的分类统计表

后向引用类别	专利质量均值	Std. Dev.	Freq.
1	10.696851	18.473633	97
2	8.5215384	15.355976	122
3	3.8443799	7.0402816	378
Total	5.9135643	11.917551	597

表 4.11 基于 Scheffe 检验的专利质量 *CKLX* 均值分类对比表

专利质量均值	类别1	类别2
类别2	−2.17	
	(0.388)	
类别3	−6.85	−4.68
	(0.000)	(0.001)

注: 括号内为 *p* 值。

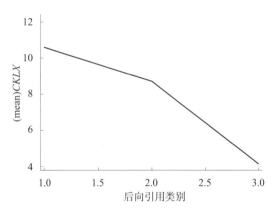

图 4.9 不同类型后向引用的专利质量
CKLX 均值图（去除自引专利后）

将表 4.10、表 4.11、图 4.9 和前文的表 4.7、表 4.8、图 4.8 进行比较，我们发现除了专利质量的均值普遍变小了以外，研究结论和前文是一致的，即假设 H2a 只得到了部分支持，假设 H2b 得到了完全支持，进一步证明了之前研究结论的稳健性。

4.3.4　高引用和低引用专利的分组回归稳健性检验

考虑到高引用和低引用的专利可能呈现出不同的特征，我们运用分组回归对本书的研究假设作了进一步的检验。通过初步的样本数据分析，我们观察到大约90%的专利的原始前向引用次数（FCX）都低于4次。因此将 FCX 值大于4作为高引用组的标准，将样本分为高引用和低引用专利两组进行了零膨胀负二项回归分析，具体结果如表4.12所示。

表 4.12　专利质量 $CKLX$ 分组回归模型分析结果

变量	低引用专利组	高引用专利组
*type*1	0.597 ***	0.665 ***
	(0.121)	(0.200)
*type*2	0.463 ***	0.376 **
	(0.0987)	(0.158)
lnIPnn	0.235 ***	0.256 ***
	(0.0576)	(0.0981)
lnTIn	−0.298 **	−0.368 **
	(0.129)	(0.177)
year2007	−0.502 **	−0.0231
	(0.213)	(0.466)
year2008	−0.640 ***	0.0789
	(0.199)	(0.438)
year2009	−0.292	0.289
	(0.191)	(0.458)
year2010	−0.0790	0.424
	(0.197)	(0.457)
Constant	2.889 ***	3.920 ***
	(0.480)	(0.733)
Observations	548	49

分组回归显示，低引用和高引用专利除了在影响系数上有细微差异外，其余的研究结论和前文是一致的，也再次验证了本研究实证结果的稳健性。

4.4 实证研究结论及启示

本章基于中国专利许可备案数据、专利受让企业的专利申请和引证数据，采用零膨胀负二项回归模型分析了专利许可交易经历对交易受让企业后续创新绩效的影响。在基准回归模型的基础上，我们还进行了去除自引专利后的稳健性检验、高引用和低引用专利的分组回归稳健性检验。统计结果表明，自变量对因变量创新绩效（专利质量）自始至终都具有非常显著的正向作用（参见表4.6、表4.9、表4.12），这说明专利许可经历确实会影响交易受让企业的创新绩效。就后向引用三种类型之间的比较来看，虽然类别1和类别2在统计学意义上不具有显著差异，但是后向引用了专利许可出让企业的专利在专利质量均值上高于其他两类，说明专利许可交易经历在一定程度上改进了交易受让企业后续的创新绩效。

这一研究结论对企业的创新管理具有启示作用。企业除了通过加强内部研发这一传统途径来提高专利质量、提升创新能力以外，还需要进一步拓展外部的技术学习机制，本研究证明了专利许可是其中一种可行的途径。当然，专利许可与企业创新能力之间并不是简单的线性关系，而是一种高度复杂的非线性关系。专利许可对企业创新绩效的提高，是建立在企业具备一定的知识吸收能力的基础上，通过长期的积累和技术学习才能实现，从而形成专利许可与创新之间的良性互动。日、韩两国技术引进的成功模式告诉我们，企业根据自身的需要通过专利许可方式引进相关的技术，能够缩短技术追赶的时间，降低研发经费，提升企业的经济收益。但是单纯地采用引进方式来获取技术是不合理的，引进必须与创新并重，在引进技术的同时实施自主技术创新战略，最终实现"以小致大"的效果。

本章的研究价值和创新性主要体现在：①首次从专利引用的微观层面实证探讨了知识产权交易与交易受让企业创新绩效的内在关系，既增强了现有理论研究的系统性，又对进一步提升我国企业的专利质量具有实践指导意义；②从专利计量学的角度，对原有专利的前向引用统计公式进行了修正和改进，从单件专利扩展到了对专利族专利质量的测度；实现了对当前引用次数为零的专利进行全生命周期引用次数的预估；根据与许可交易专利之间的关系，对专利受让者后续所申请专利的后向引用进行了详细的分类，为以后相关的数据分析提供了一定的启示；③从企业专利质量这一分析视角为长久以来专利许可与企业自主创新能力成长关系存在的争论提供了新的佐证资料，扩展了我们对专利许可与企业创新联系的理解。

本研究也存在一定的局限性，研究将比亚迪公司作为样本企业探索了专利许可交易与企业创新绩效的关系，单个企业样本影响了研究的外在效度，也使我们的研究忽略了企业层面的一些影响因素，例如企业的规模、所属的产业类型等。未来可以扩展样本企业数量，运用多层次分析法更加系统深入地来分析专利许可交易与企业创新绩效之间的关系。

第5章 企业实施知识产权交易过程中的决策分析

通过前文的论述，我们已经明确了知识产权交易有助于企业创新网络中知识的加速流动，通过技术学习和消化吸收，进而提升企业的技术创新能力。知识产权交易是企业知识产权价值在技术市场和资本市场实现价值增值的有效手段。然而，在实际的调研和访谈中我们发现，企业对知识产权交易的需求与企业目前知识产权交易的管理能力存在脱节。企业应该如何进行科学的知识产权交易决策、提升知识产权交易效率在已有的文献中鲜有提及。针对现有研究的不足和空白，本章将重点讨论企业实施知识产权交易过程中的关键决策以及相关的支撑信息、分析工具或框架。

企业在实施知识产权交易的过程中通常会面临三个重要的决策：哪些知识产权需要通过交易的方式来获取或运营？应该选择何种交易机制？是否需要中介的参与？

图5.1显示了企业实施知识产权交易的基本管理流程。首先企业需要决定是否通过企业内部研发或者购买的方式来获取某项知识产权。在这一阶段本身已拥有知识产权的企业就是否继续持有该知识产权作出选择，决定是限于企业内部应用还是超越企业的边界将它出售给其他企业。此时企业需要作出第一个决定（见图5.1中的决策1）。如果一家企业选择了自主研发或持有，那么企业内部的研发中心或知识产权管理部门会接手之后的管理，非交易方式不是本研究的重点对象，所以此处不展开讨论。假设一家企业选择了购买或出售，即以交易的方式来获取或运营知识产权，那么它将面临作出后续的第二项决定，即选择一个具体的交易机制（见图5.1中的决策2）。不同的交易机制具有不同的特点和实施步骤，不存在孰优孰劣。企业通常会考虑该项知识产权的技术特征以及交易成本，选择最经济、最合适的交易机制。在确定了采用某个具体的交易机制后，企业会

面临第三个决定，即是否需要中介机构的参与来完成知识产权交易（见图 5.1 中的决策 3）。下文我们将对企业实施知识产权交易中的三个关键决策进行详细的分析。

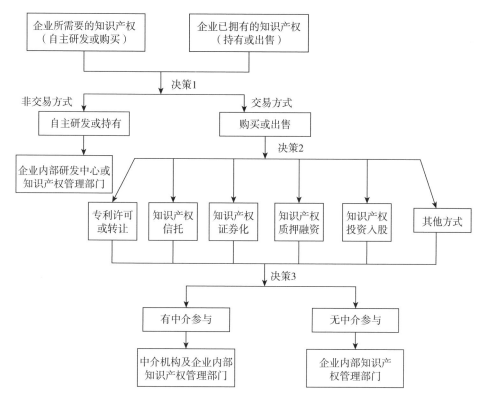

图 5.1　企业知识产权交易管理流程

5.1　决策 1——知识产权交易战略

在决策 1 阶段，企业需要明确哪些知识产权需要通过交易的方式来获取或运营，哪些知识产权需要通过内部研发或持有。这一问题涉及企业的知识产权交易战略，我们可以采用知识产权战略选择模型及专利组合分析法作为辅助工具进行决策。

5.1.1　知识产权战略选择模型

在开放式创新模式下，企业的创新活动呈现出动态开放的特征。我们假设知识产权所有权占有率与知识产权使用率之间存在正比关系，企业在制定知识产权战略过程中，会根据市场需求的变化对知识产权所有权占有率和知识产权使用率两者的控制程度进行调整，由此产生了知识产权所有权占有率和知识产权使用率的不同组合关系。基于郑小平等（2007）的技术扩散模型、陈劲等（2011）的知识产权商用化模式选择模型，我们构建了图 5.2 所示的知识产权战略选择模型，每种知识产权战略都对应着不同的知识产权所有权占有率和知识产权使用率的组合。

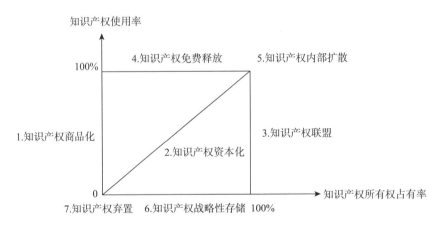

图 5.2　知识产权战略选择模型

根据图 5.2 所示的模型可以分析得出，企业在制定知识产权战略时，主要有以下七种不同的选择模式。

（1）知识产权商品化

当知识产权使用率为 100%、知识产权所有权占有率为 0 时，说明该知识产权作为商品被企业所出售，例如最常见的专利转让方式。在知识产权商品化的模式下，企业的某项知识产权所有权发生了转移，并因此得到了直接的经济收入。

（2）知识产权资本化

当知识产权使用率和知识产权所有权占有率均在 0~100% 的区间变化时，

说明企业将采用知识产权入股、知识产权质押融资、知识产权证券化等方式来挖掘该知识产权所包含的资产价值。知识产权资本化运作得益于近年来风险投资和知识产权中介机构的蓬勃发展。在知识产权资本化的模式下，企业能够获得知识产权的创新和资本属性所蕴藏的杠杆性收益，收益率普遍会高于常见的知识产权商品化模式。

（3）知识产权联盟

当知识产权使用率根据市场授权情况在 0 ~ 100% 的区间变化、知识产权所有权占有率为 100% 时，说明企业通过该知识产权与其他企业形成了类似知识产权联盟的松散型关系，常见的形式有专利的许可使用、商标、标准的授权使用，例如 Sun 公司许可 IBM 公司使用其 Java 技术。

（4）知识产权免费释放

当知识产权使用率为 100%、知识产权所有权仍然属于该企业时，即知识产权被企业向社会免费公开，免费释放的常见类型有开放源代码软件（Open Source Software，OSS）和虚拟社区（Virtual Community）。知识产权免费释放模式尽管不能给企业带来直接的经济收入，但却能为企业带来名誉、合作网络等隐性收益。

（5）知识产权内部扩散

当知识产权使用率和知识产权所有权占有率均为 100% 时，说明该知识产权由企业自行进行了产业化，我们称之为知识产权内部扩散模式。这也是封闭式创新模式下企业通常会采用的方式。在该模式下，知识产权的传统创新属性得以展现，企业通过知识产权附属产品的营销来获取超额收益。

（6）知识产权战略性存储

当知识产权使用率为 0、知识产权所有权占有率为 100% 时，意味着企业基于长期的战略性考虑将该知识产权进行休眠式的储备。战略性存储模式下的知识产权虽然暂时不能为企业带来直接的经济收益，但却有可能成为企业抵制竞争者的有力武器，或成为日后与其他企业合作的谈判砝码。当外部市场环境发生变化时，企业因为具备战略性存储知识产权而拥有更多的话语权和选择空间。

（7）知识产权弃置

当知识产权使用率和知识产权所有权占有率均为 0 时，说明企业认为该知识产权既没有自行产业化或外部商业化的可能性，也没有进行战略性存储的意义，因而被弃置。依据专利制度，专利持有者必须定期缴纳费用以维护自身的专利权。在大多数国家中，专利续期费自获得专利许可年份之后随着时间的推移不断上涨。因此专利授权后随着时间推移，仅有一小部分极其具有价值的专利仍会被保留。

5.1.2 专利组合分析法

如前文所述，企业对知识产权战略的选择主要有七种模式。那么在选择不同模式时，企业应当借助什么工具来进行科学的决策呢？专利组合分析法通过结构化与可视化的方法使决策者了解自身的竞争态势，可以为决策者的知识产权战略模式选择提供有价值的信息。该方法是由德国学者 Holger Ernst（1998）提出，通常用来评估一家企业的专利配置、规划研发战略。专利组合是一个企业所拥有全部专利的集合，它能够有效阻击竞争对手，占领该技术领域和产品市场。美国 MaxVal 公司的首席执行官曾经发表过这样的观点："一个大公司通常会拥有数量可观的专利，所谓的专利组合管理即我们应当基于公司整体的商业战略对这些专利进行追踪管理，适时地作出继续持有或是弃置的决定。"

专利组合分析主要通过一系列专利技术指标描绘出专利组合矩阵图，对专利进行组合分析。首先我们根据专利得到授权的比例、IPC 专利分类号的个数、专利族的大小和专利的前向引用概率来计算专利的质量。得到整个企业平均专利质量之后，我们能估算出在特定的专业领域中该企业总体的专利效能。它在该专业领域的竞争力可以用基于专利效能的技术份额值来表示。相对技术份额是根据技术份额折算得到的介于 0 到 1 区间内的值，它代表了该技术在整个行业内的相对地位，通常这一指标可用于比较行业竞争者相互的技术差距。

然后根据计算得到的各指标数据绘制出专利组合分析图（详见图 5.3）。横坐标是相对技术份额，它代表了企业在行业中的相对技术地位。该指标的最高值是 1，是由该企业的专利效能值除以该行业专利效能的最大值得到的。纵坐标代表技术吸引力，通常用该行业专利申请的年增长率来表示。因为专利申请年增长率高说明该行业对企业的吸引力更强。除了横坐标和纵坐标，专利组合分析图中的第三个表示维度是圆圈的面积，它代表了技术的重要程度，我们称之为"研发重点"。采用企业在该行业内专利申请的数量与企业在各个行业的专利申请总数量之比来表示。"研发重点"代表了某个技术在企业所有研发组合里的重要程度。

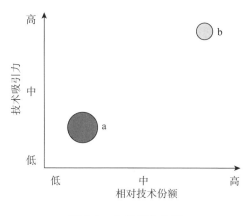

图 5.3　专利组合分析

　　根据相关的数据绘制得到专利组合分析图后，第三个步骤即企业分别对业务范围内的多个技术领域执行专利组合分析。该技术在专利组合分析图中的位置关系到企业接下来对其采用的研发战略。如果某一技术领域相对技术份额值很低，技术吸引力也不高，意味着该技术企业不具备竞争力，未来也不具备发展的潜能，那么它将被企业所弃置；如果某一技术目前的技术份额不高，但是它的技术吸引力非常强，说明将来会有发展潜力，那么企业应当提高研发投入强度或者以外部购买的途径尽快得到这一技术的产权；如果某一技术目前的技术份额值很高，技术吸引力很弱，说明该技术已经比较成熟，未来发展潜力有限，企业可以转让或者许可该技术相关的知识产权给其他企业来获得经济收益；而技术份额和技术吸引力两个值均非常高的时候，证明这个技术是企业所掌握的战略重点技术，应当作为企业大力发展的领域，和该技术相关的知识产权属于企业的宝藏，应延续持有状态。

5.2　决策 2——知识产权交易机制

　　在决策 1 阶段，企业已经确定需要实施知识产权交易的对象。进入决策 2 阶段，企业则需要对实施知识产权交易的具体机制作出选择，选择的前提是他们需要了解现有的交易机制有哪些？因此本节我们将对知识产权交易的具体机制进行探寻和分析。

5.2.1 传统交易机制及相关背景分析

知识产权交易就是以转移各种知识产权权利为内容的活动，知识产权价值就存在于将知识产权商品化和市场化的过程中。知识产权交易在我国开展的时间并不长，和其他财产权交易相比，知识产权交易存在着交易主体的特殊性、交易客体的无形性、交易内容的复杂性等特点。传统的交易机制主要有知识产权许可机制和知识产权转让机制。其中许可使用主要强调在约定期间，按照约定方式使用知识产权的全部或者部分权利，并且支付相应报酬；转让和许可使用最大的不同就是发生了所有权的移转，转让方式可以全部转让，也可以部分转让。

知识产权和其他财产权相比，它们在运营和管理模式上存在巨大的差异。实现知识产权商品化和利益的过程具有风险大、成本高、不确定性强等特征。在开放式创新情境下，为了提升知识产权的转化效率，我们应在专利转让、许可等传统知识产权交易机制的基础上，积极探寻例如知识产权信托、知识产权证券化等新的交易方式。近几年，中国知识产权的交易环境也发生了一些变化。

①从法律的角度看，知识产权相关的法律法规日趋完善。从 20 世纪 80 年代以来，我国陆续颁布了一些和知识产权有关的法律和法规，例如《著作权法》《商标法》《专利法》等，知识产权法律法规体系已初具雏形。21 世纪初，我们国家又依次出台了《信托投资公司管理办法》和《信托法》，尤其是前者的第二十条明确肯定了知识产权是信托财产中的一种类型，为知识产权信托业务在中国的开展提供了法律凭据。

②技术市场的蓬勃发展为知识产权信托、知识产权证券化等新型交易机制的开展提供了前提。知识产权已被公认为是企业核心竞争力的重要来源，企业对知识产权的重视程度也在逐年上升。近几年来中国急剧增长的知识产权拥有量是知识识产权交易得以推行的基础资产保证。知识产权交易的市场化并非是一朝一夕之事，在社会主义市场经济制度的驱动下，全国技术市场的规模和水平均在稳步提升中。据《2016 中国技术市场统计年度报告》的数据显示，2015 年全国技术市场实现技术合同成交额 9835.79 亿元，较 2014 年增长 14.67%。2005 ~ 2015 年全国技术合同成交额情况如图 5.4 所示。另据科技部

的最新统计，2017 年上半年全国共签订技术合同 113807 项，成交金额 4073.3
亿元，与上年同期相比增长较快，增幅为 20.7%。其中涉及知识产权的技术
合同 49865 项，成交金额 1668.3 亿元，占总成交金额的 41.0%。

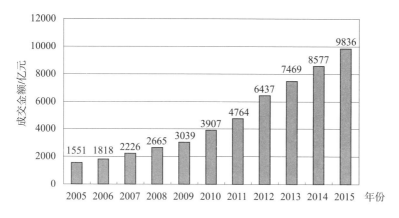

图 5.4　2005～2015 年全国技术合同成交额情况

③在经济高速增长的驱动下，我国已储备数量可观的金融资本。在我国，
个人投资者的作用不容忽视，居民储蓄额近几年来呈现持续的增长。据统计，
2017 年末金融机构居民户人民币存款余额 164.1 万亿元，同比增长 9%。商业
保险公司、证券投资基金、社会保障管理机构和境外的投资机构等都有可能成
为中国资产证券化市场的投资者。在资产证券化市场中，机构投资者是不可或
缺的资金来源。机构投资者的基金是市场发展的基础，对市场资金的流动、调
节起着关键作用。追逐资本的升值是金融投资者的主要目的，知识产权的优良
品质使其成为金融资本适宜的投资对象。

随着金融市场的发展，基于知识产权的独特属性，知识产权交易衍生出许
多新的模式，产生了与知识产权特性紧密相连的创新模式。除了传统的转让和
许可使用方式之外，知识产权的交易机制还包括知识产权质押、知识产权出资
入股、知识产权拍卖、知识产权信托、知识产权证券化等几种类型。在金融体
制改革深化、产权市场规范化发展等因素的驱动下，我们可以预测未来在知识
产权交易领域除了常规的现货交易之外，还会出现不少符合现代市场经济特征
的新型交易方式，例如期货交易、期权交易和信用交易等。知识产权交易市场
会越来越繁荣，知识向生产力转化的力度也会越来越强。

需要强调的是，不同的知识产权交易机制之间不存在孰优孰劣，企业通常

会考虑该项知识产权的技术特征以及交易成本，选择最经济、最合适的交易机制。传统的交易机制例如专利转让/许可在已有的文献中已经论述得较为充分，在企业中也已广泛应用。根据笔者 2014 年对 329 家浙江省专利示范企业的调研数据显示，30.4% 的企业进行过专利转让，32.5% 的企业有过专利许可行为，仅有 1.8% 的企业尝试过知识产权信托，无企业实施过知识产权证券化。因此下文将着重对两种相对新颖的交易机制——知识产权信托、知识产权证券化进行探讨分析。

5.2.2 知识产权信托机制分析

信托制度最早成型于 15 世纪的英国，在英国信托法中使用"信托"这一概念，起源于财产让与人和受托人之间的信任和信赖关系，是出于向第三人转让财产的需要。信托制度一直被认为是英美法系的精品，已运用于各种各样的财产管理中。美国知名的学者 Alexander Arrow 认为，"保护成本高"和"市场转化难度大"是专利等知识产权的突出特点，这与 19 世纪的金融资产存在相似之处。为了发展适于知识产权交易的市场，可以对知识产权资产进行信托。具体而言，知识产权信托机制是建立在权利人对受托人信任的基础上，权利人将他的知识产权委托给受托人，受托人按照委托人的意愿对知识产权进行管理或处置，以达到为委托人获取收益或者其他的特定目的（杨延超，2008）。

知识产权信托一般有三个环节：委托、经营和收益（具体如图 5.5 所示）。信托的客体包括知识产权所有权、许可使用权以及知识产权中部分权能。其中许可使用权信托包括独占许可使用权信托、排他许可使用权信托和普通许可使用权信托三种类型；部分权能信托通常出现在著作权的信托中，著作权人可以将著作权中的复制权、出版权、发行权等部分权能进行信托。

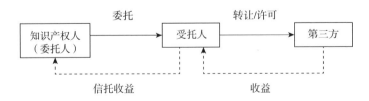

图 5.5　知识产权信托流程

虽然信托机制在我国实行的时间还比较短，但是在英美法系这些技术相对先进的国家，信托已经成为管理运营知识产权的主流方式，并在全球范围内被广泛应用。我国引进知识产权信托机制的主要目的是推动知识产权成果的转化，借助信托机构强大的运营能力，实现知识产权商品化和市场化。在我国，因为受到各种体制的制约，以专利权人为代表的知识产权权利人大部分都是自然人。这种情况就导致了知识产权权利人往往拥有大量的发明专利、商标或著作权却没有实施的机会。另一方面，具有知识产权购买需求的企业由于信息的不对称性而无法找到合适的卖家。现有中介机构的服务不专业也是造成大量知识产权闲置的突出原因。

知识产权信托机构是社会分工深化到一定阶段的产物。信托投资公司的管理机制决定了它和传统的中介机构有所不同，更容易得到知识产权权利人的信任。和知识产权自然人相比，知识产权信托机构的市场化运营能力更强，它们的信息渠道更广泛，可以在最短的时间内为委托人找到潜在的技术实施者，评估知识产权的价值并代表委托人和第三方进行谈判。知识产权信托机制是以知识产权为载体，建立在信托关系基础上，它可以有效地把知识产权权利人、信托投资公司、社会投资者和受让人的利益捆绑在一起并实现知识产权的转化。这一新型的交易机制拓宽了知识产权转化的渠道，提升了科技成果的转化率，降低了知识产权的维护成本，更利于知识产权的保值和增值。

当然，知识产权信托机制在我国的实际运行中依然面临很多制约因素，例如信托机构对知识产权类产品的运营管理缺乏经验、知识产权价值评估存在不确定性等，相信现有的这些问题会在实践过程中逐步得到解决。

5.2.3　知识产权证券化分析

音乐版权是知识产权证券化在全球的首次实践对象。1997 年，英国著名的摇滚歌星大卫·鲍伊把他在 20 世纪 90 年代以前录制的 25 张唱片的预期版权许可使用费进行了证券化，鲍伊债券总共募集到的金额为 5500 万美元。鲍伊债券的成功发行开创了历史新的一页，并引发了知识产权证券化在世界范围的各种应用。从最初的音乐版权证券化开始，知识产权证券化的应用范围如今已遍布各行各业，例如主题公园、电影等与文化产业相关的知识产权以及半导体芯片、品牌服装、生物医药专利等。毫无疑问，发行人融资渠道越来越多元化，投资者对知识产权类产品的投资经验越来越成熟，未来还将出现许多我们意想不到的知识产权证券化类型。

知识产权证券化的基本交易流程如图 5.6 所示，主要是：①知识产权所有者（原始权益人、发起人）通过合同，以契约的形式将知识产权未来一定期限的许可使用费权转让给特设机构（Special Purpose Vehicle，SPV），形成真实出售；②SPV 聘请信用评级机构进行知识产权证券化（IPS）发行之前的内部信用评级；③SPV 根据内部信用评级的结果和知识产权的所有者的融资需求，采用相应的信用增级技术，提高 IPS 的信用级别；④SPV 再次聘请信用评级机构进行信用评级；⑤SPV 向投资者发行 IPS，以发行收入向知识产权的所有者支付知识产权未来的许可使用收费权的购买价款；⑥知识产权的所有者或其委托的服务人向知识产权的被许可方收取许可使用费，并将款项存入 SPV 指定的收款账户，由托管人负责管理；⑦托管人按期对投资者还本付息，并向聘用的信用评级机构等支付中介机构服务费。

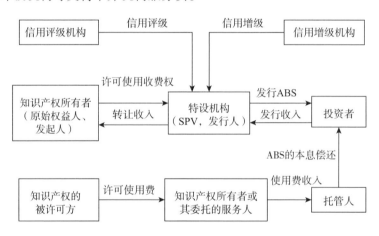

图 5.6　知识产权证券化流程

通过知识产权证券化，企业的融资风险可以明显下降。因为证券化运行机制明确规定了 SPV 的不破产机制、信用增级、优先与次级证券，这些设计为投资者提供了"破产隔离"，大幅度降低了因为重组、原始权益更换等因素带来的风险。另一方面，原始权益人的融资成本也显著减少。虽然实施证券化的过程中需要支付的费用种类繁多，例如证券承销商收取的承销费、托管人收取的托管费、资产管理公司或原始发起人收取的服务费等，但是因为知识产权证券化的交易结构非常完备，证券发行的环境也在不断改进中，和传统融资手段相比，资产证券化的融资成本优势还是显而易见的。有数据显示，资产证券化交易过程中需要缴纳给中介机构的费用和其他融资手段的费用相比至少要低50%。除此之外，资产证券化也是优化企业资本结构的绝佳途径。通过知识产权证券化，远期才能得到的知识产权收益在当期就能变现，资金的周转率变快，企业有了更多的现金流，可以将知识产权收益进行再投资。知识产权证券化改变了企业对知识产权内在价值的认知，推进科技成果及时转化为生产力，优化了社会资源的配置和使用。

5.3　决策3——知识产权交易的治理结构

在决策2阶段，企业已经选择某种具体的知识产权交易机制。进入决策3阶段，企业需要对知识产权交易的治理结构进行决策，是否需要中介参与交易是该阶段的核心问题，即选择双边交易还是涉及中介第三方的三边交易。由于某些交易机制的特殊性，必然需要中介方的参与，例如知识产权信托机制。而有些交易机制，例如专利许可与转让，既可以选择双边交易，也可以选择三边交易。不同的交易治理结构涉及的交易成本也会有所不同。

交易治理结构这一概念是由 Coase 在 1937 年发明的，即调节可分离技术接口或生产阶段之间的商品或服务交换。Ring 和 Van de Ven（1989）将交易治理结构定义为："适用于不同种类交易治理的法律形式以及当事人在交易谈判中结构和程序上的保障。"简而言之，企业在交易资产时需要选择用于该交易最经济、交易成本最低的治理结构，定义组织间的关系。

根据 Williamson（1979）的经典论述，交易的不确定性、资产专用性、交易发生的频率是分析交易类型的三大维度，并针对不同的交易类型探讨了不同的治理结构。其中交易的不确定性可分为环境不确定性和行为不确定性两种类型。环境的不确定性是指事前不能预估与交易相关的情况，行为的不确定性则指验证是否遵守既定的协议所存在的困难。资产专用性是指在合作关系中无法重新分配的特定投资，具体又可细分为六类：区位的专用性、实物资产的专用性、人力资产的专用性（例如培训、学习）、品牌资本、专用资产和时间的专用性。交易频率是指当事人所涉及的交易次数。

资产的专用性是知识产权交易治理结构的决定因素。例如属于生命周期早期阶段的复杂、新颖性技术，需要投入大量特定的资源才能被买方所用，它们就属于高资产专用性。反之，处于生命周期成熟阶段的技术则属于低资产专用性。随着资产专用性的增加，交易需要更复杂的治理结构，以消除或减少大于专用资产收益的议价成本部分（Williamson，1985）。在知识产权交易中，资产的专用性程度主要取决于交易客体所包含的技术不确定性、复杂性和成熟性。

企业在交易中雇佣第三方作为"中间人"，由此产生了"三边治理结构"，这将有助于买方和卖方之间的交流（Williamson，1985）。在参考 Williamson（1979）交易治理结构模型的基础上，我们构建了知识产权交易的治理结构选择模型（如表5.1所示）。假设交易的不确定已知，当知识产权交易的频率为"偶尔"或"经常"，交易的资产是非专用性的时候，市场治理特别有效；当知识产权交易的频率为"经常"，交易的资产属于混合性或专用性的时候，适合采用双边治理结构；而当知识产权交易的频率为"偶尔"，交易的资产专用性程度为混合和专用模式时，三边治理结构比较合适。

表5.1　知识产权交易治理结构选择模型

交易资产专用性	知识产权交易频率		
	非专用性	混合性	专用性
偶尔	市场治理	三边治理	
经常		双边治理	

值得注意的是，交易成本是在动态变化中的。动态交易成本这一理念最初是 Langlois 在 1992 年推出的，他认为动态交易成本是技术和组织创新过程中说服、谈判、协调以及教导他人的成本，该成本是在不断变化中。Granstrand（1998）对用于内部交易的治理成本和用于市场交易的交易成本进行了区分，他认为："经营管理上的学习降低企业的管理成本，它比任何市场周而复始的契约活动相关的学习更加快速。"通过参与交易，企业的知识产权管理部门将学习到许多交易的经验并提高自身的管理水平，不断地降低管理成本。同样，中介机构也会沿着其学习曲线进行追赶，并对它们的交易模式进行改进，降低交易成本。

综上所述，当企业针对"是否需要中介参与交易"这一问题作出决策时，通常会对内部管理成本与聘请中介的管理成本进行评估对比。如果内部管理成本明显低于聘请中介的管理成本，企业倾向于由内部知识产权管理部门来管理交易过程。目前来看，由于知识产权交易的资产专用性程度非常高，信息不对称现象也比较严重，除了一些本身拥有专业知识产权管理部门的大企业以外，大多数中小企业会倾向于选择通过中介来完成交易，以此来提高知识产权交易的执行效率。

第6章　国外知识产权交易服务公司商业模式研究

在上一章中，我们提到大多数中小企业在知识产权交易中会选择有中介参与的三边治理模式，因此下文我们将对知识产权交易中介进行分类梳理。国外知识产权交易起步比较早，随着知识产权交易市场的发展，出现了和知识产权交易有关的各类知识产权服务公司，在一定程度上克服了技术市场失灵，促进了创新要素的交易。这些公司在促进知识产权交易方面扮演着越来越重要的角色，因此，分析和理解这些公司在知识产权交易市场中如何发挥作用对企业和政策制定者来说都很重要。

国外知识产权交易服务公司的功能大致可以分为传统的知识产权管理支持、知识产权交易服务、知识产权组合构建和许可、建立防御型专利组合/知识产权分享框架、基于知识产权的金融服务五大类。它们的功能定位与商业模式详见表6.1。我们将对每种类型进行深入分析。

表6.1　国外知识产权交易服务公司的功能分类

功能定位	商业模式
传统的知识产权管理支持	知识产权战略建议；专利估值；专利组合分析；许可策略建议；专利侵权分析等
知识产权交易服务	知识产权经纪人
	知识产权交易网上市场
	知识产权现场拍卖或网上拍卖/知识产权许可权交易市场
	大学技术转移
知识产权组合构建和许可	专利池管理服务
	知识产权/技术开发和许可
	知识产权组合和许可

功能定位	商业模式
建立防御型专利组合/知识产权分享框架	防御型专利聚集资金支持和联盟；倡议自由分享质押的专利
基于知识产权的金融服务	知识产权质押贷款；创投基金；知识产权结构融资；投资知识产权密集型企业

6.1　传统的知识产权管理支持

近年来，专利被视为企业的一类高价值资产，专利管理战略的重要性日益上升。在这种情形下，许多以知识产权为中心的公司开始提供各种服务来支持和改善专利所有者的知识产权管理。有些公司分析客户的专利组合，估计它的价值并给出相关建议，例如，客户的公司在哪方面缺少专利，客户的竞争对手掌握了哪些专利，客户可以从哪里获取专利来弥补与其竞争对手之间的间隙。其他一些公司提供分析软件工具使专利所有者、专利律师、投资者等获得一项单独专利或一个专利组合的相关信息。这些数据包含专利族、现有技术和相关专利、目标专利估值或专利组合的市场价值以及可通过专利地图获得的特定市场上技术发展趋势的信息。还有一些公司通过提供以下服务，如详细的专利分析、侵权分析、潜在受让人识别、授权转让支持和知识产权诉讼，以帮助专利所有者制定和实现战略专利许可计划。

构建一个强有力的知识产权管理战略并充分利用知识产权尤其是专利，对公司增强其市场竞争力非常关键。然而，由于缺乏知识产权管理策略、评估专利市场价值和识别专利技术潜在市场的难度大，以及个人专利许可问题较为复杂，大部分专利所有者没有充分利用他们的专利组合。在这种背景下，像 IP Capital Group、ThinkFire、TEAUS、CONSOR、Anaqua 和 Chipworks（详见案例 1）等公司通过提供各种服务帮助它们的客户完善知识产权管理策略，包括专利组合发展建议、知识产权估值和战略许可项目构建支持。例如 ThinkFire 给全球 80 多个技术公司和投资公司提供知识产权咨询和交易服务，服务对象包括 Blachstone Group、Ciena、Hewlett - Packard、NEC 等知名企业。

此外，这类公司也帮助客户构建和实现许可项目中的战略专利。如今许可专利技术是许多技术开发公司的一项重要收入来源。然而，很多技术公司没有足够的人力资源、资金，也不知道如何构建和促进合适的专利许可项目。知识产权专业公司通过提供专利许可支持服务来帮助这些公司。当客户同意对外授权时，它们主要帮助客户找到潜在被授权者，并帮助它们促进许可协议的达成。

【案例1】Chipworks

当专利所有者希望出售或授权不再属于它们商业策略的专利，或当专利所有者意识到竞争对手的产品可能包括它们的专利技术，它们不会不作任何估值就简单地对专利进行出售或授权，而是会经过调查确认是否存在专利侵权时再作决定。像 Chipworks 和 TAEUS 等公司为那些希望出售或授权专利的持有人，或者那些无意侵犯他人专利产品的公司提供专利侵权分析的服务。

Chipworks 成立于 1992 年，总部在加拿大渥太华。起初，Chipworks 是一家技术服务公司，主要分析半导体和电子系统的电路和物理结构。Chipworks 的专利侵权分析服务包括：对不同公司和产品线的交叉性市场研究；识别潜在侵权产品；反向工程的实现；准备证明产品是否侵权的技术性证据文件。Chipworks 的业务中最具独特性之一的是反向工程。Chipworks 有 70 多个电路、程序、系统工程师。在这项业务中，Chipworks 的反向工程专家拿一个现成的产品并把它拆卸开来，以弄懂它是如何构造、如何运行以及由什么材料制作的。然后，基于反向工程找到的信息，Chipworks 会做一份详细的分析和诉讼统计表来证明受到质疑的产品是否侵权。因此，反向工程是支持公司知识产权和商业策略的重要工具。从数据来看，Chipworks 评估过超过 3 万项专利，分析过超过 1 万种产品。

这项服务将使专利所有者可以防止其竞争对手对其专利技术"搭便车"，通过提供技术证据来证明其他公司的技术侵犯了它们的专利。例如，一个专利所有者通过侵权分析服务可以获得技术证据以证明潜在的买家或被授权方的产品使用了它的专利技术，所有者能提高它在谈判中的优势，并要求更高的价格，或者轻易地防止竞争对手使用它的专利技术。专利侵权分析也可能帮助那些收到其他专利所有者专利侵权起诉的公司，来确定它的产品是否侵犯他人的专利权。因此，通过有效使用知识产权专业公司的服务，企业能形成战略性专利组合，提高它们的市场地位，通过战略性的专利许可项目获得收益。

6.2　知识产权交易服务

　　从外部获得或授权引进有用的技术，并把它们整合到公司已有的核心技术中，对企业有效开发创新技术并提升竞争力具有决定性的作用。在这种情况下，为了获得这些有价值的技术，并通过无障碍地利用它们开发更具创新性的技术，许多公司开始考虑获取外部包含关键技术的专利。同时，一些公司希望从外部获得专利来减少专利使用的风险，通过加强专利组合作为防御性的"金钟罩"来维持自由运作。越来越多的公司开始试图剥离或对外授权它们专利组合中的某些部分，尤其是利用率不高的部分，公司力求战略性地放弃或获取专利来提升它们的业绩。

　　然而到目前为止，大多数的潜在专利卖家和买家并不能高效地出售和购买专利。在很多情况下，专利的持有者没有信息资源、技术以及与感兴趣的买家的联系方式。类似地，许多有意愿的买家也没有足够的资源。针对这些公司的需求，知识产权专业公司提供各种服务来支持和便利化专利交易，并提高专利的使用率。以下是一些具有代表性的商业模式的介绍。

　　（1）知识产权经纪人

　　一些以知识产权为主业的公司如 IPotential、Inflexion Point、Thinkfire、Pluritas、ActiveLinks 和 Global Technology Transfer Group 等都提供知识产权经纪业务。这些公司安排技术、法律和业务专家去联系有意愿的卖家和预期买家来促成专利交易。知识产权经纪人的代理行为类似于上面所讨论过的知识产权管理支持公司所提供的专利委托服务。从 2003 年开展业务以来，IPotential 已经完成 123 项交易，包括超过 3800 项专利或专利申请的转让。根据 IPotential 的资料显示，总的交易价值超过 2.65 亿美元。通过帮助匹配供需来促进知识产权的交易，知识产权经纪人在知识和技术的传播过程中发挥的作用越来越重要。

　　知识产权经纪人可以代理专利交易的买方或卖方。受卖方雇佣时，知识产权经纪人帮助他们的客户通过剥离部分或全部专利组合提高其售价。首先，知识产权经纪人对客户的专利进行估值以了解其潜在价值。在确定专利存在一定的价值后，基于他们在各个行业的信息网、知识产权经纪人的群体联系和对知识产权市场更全面的了解，他们开始寻找可能购买这些专利的潜在买家。在与客户的合作中，他们设定一个目标价格和销售策略。然后，知识产权经纪人联系潜在买家，使谈判顺利进行。最后，知识产权经纪人与最有可能性的买主谈判拟定一个购买协议，并促进交易顺利达成。当知识产权经纪人支持客户达成许可协议，他们会对尽可能多的潜在被授权者关闭专利许可。

受买方雇佣时，知识产权经纪人帮助客户获得与其感兴趣的技术相关的有价值的专利。在这种契约中，知识产权经纪人开始要识别可获取的候选专利，这些专利必须包含对其客户的业务非常重要的关键技术。然后他们接触目标专利所有者并就可能获取的专利或专利的使用许可展开讨论，同时保护客户信息。通过利用知识产权经纪人的买方服务，企业不仅有更多机会获得外部有价值的技术来增强其技术开发能力，还能巩固专利组合，从而将侵权的可能性降至最低。

（2）知识产权交易网上市场

如上所述，公司开始考虑更积极地获得有价值的外部知识和技术，同时试图让其他公司使用本公司不用的知识和技术来获利。然而，很多公司很难找到可用的创新技术或者它们想剥离的内部技术的潜在买主。在这种情况下，像 InnoCentive（详见案例 2）、Yet2、Tynax、UTEK、NineSigma、YourEncore、Innovation Exchange、Activelinks 和 SparkIP 等公司提供了网络平台，可以将希望出售其知识产权的所有者和正在寻求有价值的方法和技术的买家联系起来。

【案例 2】 InnoCentive

InnoCentive 是一家全球化的、集聚了需要创新的组织机构的网络市场，例如公司、学术研究机构、公共部门和非营利组织，可以利用全球网络中逾 18 万的问题解决者。InnoCentive 于 1998 年作为 Eli Lilly 的下属部门开始运作，到 2001 年转化为一家独立的公司。

InnoCentive 提供一个基于因特网的平台，用来帮助连结研究问题中遇到困难的人和有创造性解决方案的人。InnoCentive 将公司称为搜寻者，其在公司网站上张贴的科学问题，主要是在其研发实验室中没有解决的问题。搜寻者包括商业、政府部门和非营利组织，例如 Procter & Gamble、Dow Chemicals、Avery Dennison、Pendulum、Eli Lilly and Company、Janssen、Solvay、GlobalGiving 和 The Rockefeller Foundation 等。超过 18 万名的问题解决者通过竞争赢取搜寻者提供的现金奖励。解决者可以基于自己的兴趣和专业知识来检索搜寻者张贴的挑战。如果解决者想出来某个挑战的解决方法，就提交一个建议方案让搜寻者评定。如果方案被选为最佳方案，解决者将获得先前搜寻者承诺的高达 100 万美元的奖金，这项与解决方案相关的知识产权转让给搜寻者独有。InnoCentive 管理整个交易过程，搜寻者和解决者的身份将完全保密。

每年大概有 150 家左右的公司提出 900 项挑战。其中，400 多项被解决。InnoCentive 认为这种方式适用于从化学到商业流程，甚至经济发展等不同领域的创新。InnoCentive 的开放式创新市场的调查表明，向大量的外部解决者披露问题信息是解决科学问题的有效方法。它也表明越是源于解决者所在领域的核心问题，就越有可能得到解决。

在 2007 年的下半年，TB 联盟——一个产品开发合伙公司，决定加快开发新药并改进原来的药品来治疗肺结核，其在 InnoCentive 的网站上张贴了一项挑战。这项挑战是寻求简化当前一种药品复合物的制造流程的方法。这套新方法将会提高这种复合物的生产效率并降低成本，使它可以更广泛地使用，更有效地应对肺结核的扩散，并有效抑制肺结核病每 20 秒就有一人死亡的现象。这项挑战张贴在 InnoCentive 的网站后，344 名解决者签署了使用者协议来获取详细信息。在这些人中，27 人提交了建议，并交由 TB 联盟评定。TB 联盟选择了两个获奖提案。一个来自中国的科学家，另一个来自德国的研究人员。根据 InnoCentive 的挑战协议，与解决方案相关的知识产权归 TB 联盟，每个获胜者获得了 2 万美元。现在 TB 联盟正着手实施这一方案。如果方案在实践中得以成功，它们将实现低成本、高效率的生产流程，并为数百万遭受肺结核痛苦的患者带来福音。

（3）知识产权现场拍卖或网上拍卖/知识产权许可权交易市场

建立专利合理价格的共识将对相关专利交易产生显著作用，该共识可参照过去相似交易的信息而产生。然而，目前专利买家和卖家很难获得比较性的数据来作出正确的决定。在这种情况下，一些知识产权专业公司开始提供专利交易服务，以提高知识产权市场的透明度和可预测性。这种知识产权交易服务包括知识产权拍卖和知识产权许可权交易市场。

一家名为 Ocean Tomo 的知识产权专业公司（详见案例3）主营专利现场拍卖，其目的在于创造一个高度透明的市场，以促进专利交易。也有一些公司提供专利在线拍卖服务，例如 IP Auctions 和 Free Patent Auction 等。这些在线拍卖商提供网络平台，使有意愿的专利卖家列出他们受到专利保护的创新方法，用于出售或许可，使有意愿的买家可以查看有价值的专利是否在售。

而且，一种旨在提高知识产权市场的透明度和可预测性，同时促进知识产权交易的新方法正在出现。知识产权全球交易计划提供一个高度透明的知识产权许可权交易市场，被称为"联合许可权交易市场"（详见案例4）。这些交易可能促进专利的流通。另外，这些服务通过允许所有的市场参与者监督原本保密的个人专利交易的价格，从而可能具备价格发现功能。

【案例3】 OceanTomo

2006 年，总部位于芝加哥、创建于 2003 年的 OceanTomo 在旧金山举办了世界上首次知识产权的现场拍卖。OceanTomo 的知识产权现场拍卖创设的初衷是为了提高知识产权交易市场的透明度——这个市场几乎所有的交易以往都是秘密进行的，潜在的卖家和买家都不能获得之前类似知识产权交易的信息——促进了知识产权的公开交换。有意愿的卖家可以利用 OceanTomo 提供的知识产权现场拍卖来更广泛地推销他们的专利。同时，OceanTomo 允许潜在买家提前获得即将进行拍卖的专利的相关信息。信息包括卖家的姓名、出售专利的参考数据、预期价格、有专利权的技术和潜在目标市场的概述。通过提供大量关于待拍卖专利的信息，OceanTomo 帮助潜在买家制定一个获取该专利的方案，并决定是否购买或者对目标专利究竟可以接受多高的价格。

同时，OceanTomo 还提供专利招投标的服务，来提高专利交易市场的透明度并促进知识产权的流动性。这个项目提供一个允许潜在买家对专利出价和卖家接受出价的网络市场。竞价系统允许有意愿出售或授权其专利的专利所有者在网站上张贴他们可提供的专利。有意愿的卖家或授权者张贴在网站上的信息包括预期价格、发行数量和专利族系信息。如果有组织有兴趣购买张贴的专利或获得独家授权，该组织可以匿名出价，专利的所有者会收到竞价系统的提醒通知。OceanTomo 也提供经纪业务作为询价和要价系统的一部分，来帮助专利所有者和竞标者缩小出价和要价之间的差距。因此，通过利用专利招投标服务，潜在买家和卖家都可以顺利地进行关于知识产权交易的协商。潜在的买家和被授权者也可以匿名出价那些没有张贴在网站上的专利。一旦有人出价网站上未张贴的专利，招投标经纪人将联系该项专利的所有者，看其是否愿意出售或独家授权给其他组织。这意味着专利招投标系统使潜在的买家或被授权者能够匿名扩大他们想要获得的外部专利的可能性；同时，它也使卖家有机会更广泛地推销其专利。

除了给潜在的买家、卖家、授权者和被授权者有效进行专利交易提供平台，专利招投标系统可作为专利交易中查找定价依据的地方。所有的买方出价、卖方要价、独家许可的招标和最终交易价格都会公开挂在专利招投标网站上，任何访问者都可以浏览。任何一个参与专利交易的组织，对于定价有困难的，都可以访问该网站，利用其提供的专利交易价格数据来决定它的交易价格。

【案例 4】 IPXI

IPXI 由 OceanTomo 于 2007 年创立，总部在芝加哥。IPXI 在 2009 年底推出独家许可权业务，旨在为知识产权许可提供一个更透明、高效的市场，通过标准化知识产权许可条款，为买家和卖家创建一定层级的活动范围，促进知识产权二级市场的交易，引入知识产权实施的转让模式单位许可权（Unit License Right，ULR）合约。专利许可权市场方案包括"初步销售的 ULR 合约"，其中 IPXI 销售一定数量的消耗品关于某些专利（ULR 合约）的独家权利，以及"ULR 的二级市场"合约，通过该合约，IPXI 允许 ULR 合约持有人以市场价格转售额外的 ULR 合约。ULR 项目操作过程概述如图 6.1 所示。

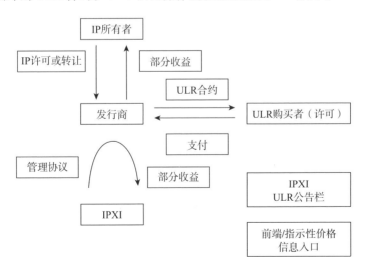

图 6.1　ULR 商业模式

（ⅰ）知识产权从原始所有者到 IPXI 的转让

在许可权业务中，IPXI 最先形成一个或多个具有特定目的的有限责任公司（SPC），通过这些 SPC 从其他专利所有者处收集专利组合。这些 SPC 主要负责许可权合约初始销售的管理，审核合约持有者，如果必要，为知识产权所有者的利益采取强制措施，来对付侵权的第三方。当收集专利组合时，SPC 会仔细地从多个角度估计有意愿折现的专利所有者所持有的每个候选专利组合的价值，例如，专利的可靠性是否如同合法权利、发明的范围、专利组合涵盖的技术领域和产生许可收益的可能性。在进行必要的详尽的专利组合调查后，SPC 和候选专利组合的所有者会推动对推销计划和许可目标的最终定稿，签署专利转让协议或独家专利许可协议。根据该协议，专利所有者将转让或独家许可指定的专利组合给 SPC（IPXI，2009）。在后一种情况下，SPC 将被授权发行一定数量的非独占性专利组合许可（ULR 合约），并代表知识产权所有者强化对投资组合专利权的保护，抵制侵权行为。每个候选专利组合应该至少包含一件已公开发行的美国专利并涵盖一些急需授权许可的产品，这些产品可以是目前市场上已推出或即将推出的。SPC 和专利拥有者之间的协议也将包括某些 ULR 合约的条款，如报价和将提供 ULR 合约的数量（IPXI，2009）。

（ⅱ）ULR 合约的初始销售

在专利权被转让或独家许可给 SPC 之后，SPC 将会进行 ULR 合约公开供应的初始销售。在初始销售中，SPC 将 ULR 合约嵌入在一个或多个分合同中发售。从 ULR 合约最初销售中所得收益的一部分将支付给原来的知识产权所有者。ULR 合约将赋予 ULR 买家在规定的产品或服务上对某些专利的使用权。所以，通过购买 ULR 合约，ULR 的买方可获得预付费的销售许可证，可通过使用专利许可销售规定数量的产品。ULR 交易的一个关键属性是 ULR 合约是可消费的。也就是说，在履行授权许可手续后或一项已授权的产品或服务用于销售或出口时，产品或服务中特定专利组合的使用权就已使用。因此，ULR 买家可销售的数量与合同购买的数量相等（IPXI，2009）。综上所述，在产品或服务中使用特定知识产权，ULR 合约所提供的权利是有限的。例如，如果购买者生产一种在 ULR 范围内受专利保护的产品，数量是 500 万个，那么买家需要采购 500 万个 ULR 合约，这些产品才能按计划生产。ULR 合约的持有人有一定的义务，包括定期向 SPC 和 IPXI 报告消耗 ULR 合约的数目和日期。ULR 合约的持有人也必须允许 SPC 对 ULR 合约适用范围进行审计。IPXI 会定期向符合资格的市场参与者发布消费信息。ULR 合约的消费率对未来的买家、专利拥有人和任何想推测 ULR 合约未来价格走向的实体都很重要，因为消费率可能影响 ULR 合约在二级市场上的价格。

（ⅲ）ULR 合约的二级市场

ULR 合约的二级市场，允许拥有过剩 ULR 合约并希望清算未使用 ULR 合约的持有人转售 ULR 合约（如图 6.2 所示）。例如，在最初销售中，如果一家公司购买 250 万个 ULR 合约，但因销售低于预期，放弃了部分产品线，结余 100 万个 ULR 合约，该公司可以通过联系 IPXI 和在二级市场再次销售未使用的 ULR 合约，以市场价格清算 ULR 合约。

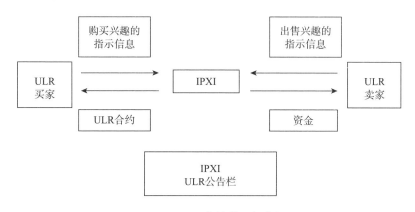

图 6.2　ULR 合约的二级市场

ULR 合约的二级市场可以让有购买意愿的买家购买必要的 ULR 合约。因此，ULR 买家可以根据自身的商业计划和对 ULR 合约的持续需求，选择在 ULR 合约的初始销售或在二级市场上战略性地购买 ULR 合约。例如，如果初级市场中有一个合同包和一个买家，这个合同包包含 2500 万个 ULR 合约，并按每个 ULR 合约 2 美元的价格出售，这个买家在未来的 18 个月中需要消耗 250 万个 ULR 合约，那么这个买家可以选择先在一级市场购买 125 万个 ULR 合约（可使用 9 个月）。这样做主要是基于这样一种想法：如果产品按计划销售，那么在市场价格下可在随后的二级市场中购买更多的 ULR 合约。这样做可以让 ULR 合约购买者在业务不景气时避免囤积大量过剩的 ULR 合约的风险。但是，买方将承担剩余的 125 万个 ULR 合约的价格风险，因为二级市场中 ULR 合约的价格可能高于预期。在实践中，在考虑某项交易时，通过 ULR 合约的二级市场，买方将联系 IPXI 并要求 IPXI 提供很多 ULR 合约的指示性价格，并讨论是通过二手交易（二级市场 ULR 合约）还是通过参与即将发行的 ULR 合约（初始销售的 ULR 合约）来更好地实现购买计划。因此，ULR 合约的二级市场，可让 ULR 买家无须再消耗时间和金钱重新商讨许可协议，直接通过转售额外的 ULR 合约或购买额外的 ULR 合约灵活地管理它们的 ULR 需求。

ULR 合约的二级市场可以让所有市场参与者监控现行的（专利）注册率，因而具有价格发现功能。一个透明的具有价格发现功能的开放性的二级市场将会向所有买家提供一个公平的竞争环境。参与者通过监测许可市场价格数据能让知识产权更有效、更有战略性地实现货币化。

ULR 方案通过向专利授权和价格发现功能提供一个透明灵活的框架，可能具有提高市场的效率和知识产权可预测性的潜力。大量的专利交易通过知识产权现场拍卖、网上知识产权拍卖或专利买卖请求等方式进行，从而可积累大量有关专利交易的价格信息。那些愿意出售、购买或许可他们的专利但在评估他们的专利价值有困难的人，通过查阅这些信息，能够为他们的专利找到合适的价格并方便后续的谈判。当然，要完全确定这些信息是很难的。专利的价值直接来自这些信息，因为专利的价值因该专利的商业环境（如谁拥有它、如何管理及经营的业务）不同而不同。例如，在几家公司之间，一个力图保护自己的产品线的买家相对于一个意图启动（专利）许可计划的买家而言，会对专利评估一个不同的价值（Monk，2009）。即便如此，基于过去专利交易的大量信息，人们更容易找到合理的市场价格。这些信息增强了知识产权市场的透明度，帮助人们更好地参与专利交易的谈判。

（iv）大学和科研机构的技术许可/转让办公室

将大学和科研机构发明的技术转让给商业市场对促进创新有重要的作用。像技术许可办公室这样的组织在促进技术和知识产权从大学或科研机构到工业的转让或许可起到了核心作用。例如，在 2008 年一个会计年度，斯坦福大学的技术许可办公室达成了 107 项新的许可协议，从 546 项技术中获得了6 250 万美元的版权收益。同时，一些知识产权专业公司（例如知识产权基金公司和知识产权组合/许可公司）最近开始致力于获得大学或科研机构的技术。技术许可办公室作为一个平台，在促进知识产权从大学或科研机构到工业的转让中变得越来越重要。

6.3　知识产权组合构建和许可

这类组织致力于通过组合具有互补性的专利来开发强大的专利组合，并把它们授权给其他公司。一些公司基于它们内部研发行为产生的专利来构建专利组合，也有一些公司通过战略性地获取其他组织的专利来创建专利组合。这些公司一般不使用专利来提供任何产品或服务。相反，它们试图建立基于专利组合的许可业务，并从这些许可行为中获取收益。

（1）专利池管理服务商

技术标准化的重要性越来越明显。尤其在电子通信和计算机这样的行业，产品高度模块化，确保要素之间的互动非常关键，促进技术的标准化对于将新产品快速有效地引入市场具有重要作用。

制定一个包含非专利技术的技术标准几乎是不可能的，尤其是在一些涉及先进技术的领域。由于知识产权在创新行为中地位日益重要，大部分有用的技术都受专利保护。令事情变得更复杂的是，在许多情况下，提供某种产品或服务所需的核心专利由大量不同的专利所有者持有，这是研发人员水平分化的结果。这意味着那些试图将包含某项标准化技术的新产品或服务商业化的企业不得不从不同的专利持有者获得许可。这将耗费大量成本、时间和资源。另外，如果核心专利持有者要求过高的许可收益或拒绝许可它们的专利给其他组织，标准化技术的扩散可能会受到阻碍。

技术的标准化是促进创新的关键要素，尤其是在信息与通信技术这样的领域，培育创新环境很重要。通过专利池或专利组合这种形式，潜在的被许可者能够很容易地获得对某项技术非常重要的专利。专利池或专利组合有可能提供一种更好的途径以获得采用某项标准化技术的核心专利，市场参与者可利用这些安排来促进与某项技术标准相关的专利的许可。专利池通常由一个管理者基于拥有某项技术的核心专利的专利所有者和管理者之间的协议进行管理。专利所有者转让与其专利相关的某项权利，这在不同程度上依赖于其和管理者之间的协定。管理者为了专利所有者的利益，一般会授权发布非专有的次级许可证。管理者然后试图通过更广泛地许可这些专利给其他组织来获利，从专利池获得的许可收益将在专利所有者之间按照事先规定的分配方案进行分配。专利所有者不需要通过个人许可过程就可从他们的专利中获得收入，个人许可过程往往需要更多的时间和资源。专利池也能通过促进专利技术的扩散给专利所有者提供机会来扩大产品市场。

对于希望在其业务中使用专利池所含技术的公司来说，专利池使它们在一次交易中轻松获得大部分（即使不是全部）的实施技术所需的许可。此外，通过利用专利池，被许可者也可以花费更少的成本，从每个核心专利所有者分别获取必要的许可，因为专利池一般有控制一系列核心专利许可收益并以合理的价格提供一揽子许可的功能。专利池被认为是一种使潜在被许可者更有效地获得必需专利的有效方法，尤其在电子通信、计算机硬件和软件这样的行业，公司必须获得数十甚至数百项专利技术来生产一件商业产品。

专利池在促进创新中扮演了关键的角色，例如 MPEG - 2 的专利池被看作通过减少组合许可收益来促进技术扩散和推动创新。在上述背景下，管理专利池的知识产权专业公司正在出现，这些专利池包含了对这些项技术标准非常重要的专利。像 MPEG LA、Via Licensing Corporation、SISVEL（参见案例 5）、the Open Patent Alliance、3G Licensing 和 ULDAGE 这样的公司都有参与这种商业模式。

【案例 5】SISVEL

SISVEL 是一家经营专利池的公司，总部位于意大利都灵。它在美国、德国、日本和中国都有分支机构。SISVEL 创立于 1982 年，是在意大利的一些电视制作商为了提高它们持有专利的使用率而达成的一项协议的基础上设立的。它目前的业务集中在构建和管理专利池，其中包含某些技术的核心专利，尤其是与标准化的技术相关的。SISVEL 目前管理的几个专利池包含的核心专利用于实现音频（MPEG Audio）技术标准、DVB - T 技术标准和 CDMA 2000 技术标准。它也准备构建与 DVB - H 技术标准相关的新的许可项目。

关于 MPEG Audio 技术标准，SISVEL 拥有许可专利的全球独家经营权，这些专利由包括飞利浦和法国电信在内的 6 家公司持有。其中包括 ISO/IEC 11172 - 3 和 ISO/IEC 13818 - 3MPEG Audio 技术标准、压缩音频信号和将其转化成数字信号进行传输的数字处理标准。SISVEL 将这些专利授权给 1000 多家被许可方，包括苹果、微软、诺基亚和东芝。

SISVEL 的商业模式如图 6.3 所示。首先，SISVEL 需要某项技术标准所必需的基本专利。拥有对该技术标准至关重要的专利并对此感兴趣的组织可以联系 SISVEL 并提交对专利重要性的价值进行评估的申请。SISVEL 通过独立专利评估者评估相关专利的重要性。然后，SISVEL 与持有该项技术标准的基本专利的组织协商许可条款，包括许可费和利益分成。之后，SISVEL 会从专利所有者获得那些专利的独家许可权，并给潜在客户提供其专利组合的联合许可证，这些客户希望在其业务中使用组合中的专利技术。SISVEL 的特许经营计划使受许可方可以通过一次交易从多个专利持有者手中获得实施某项特殊技术标准所必需的专利许可，而不是与每个持有者谈判获得许可。也有一些人认为专利池有反竞争的效用。然而，事实上专注于管理专利池的专业公司不断增加并正在扩大它们的业务范围。

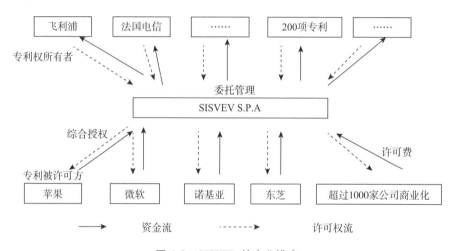

图 6.3 SISVEL 的商业模式

（2）知识产权/技术开发和许可

有些公司（例如传统的技术主导型公司）花大量的钱在研发上，旨在创造出专利并从中获利。这些公司中的一部分利用自己开发的专利技术来生产产品，同时也将这些专利技术授权许可给他人使用。然而，它们中的大多数不向消费者提供任何产品或服务。相反，它们专注于专利授权并给许多营运公司提供指导。因此，许多这种类型的公司是从知识产权而不是从产品获得绝大部分或全部收入。例如，Arm 是一家收入增长稳定的英国技术公司，掌控了大量的微处理器专利市场份额，但很少自己生产产品，而是许可其他公司使用其知识产权。这些公司经常提供咨询服务随同授权知识产权给被许可方，帮其将技术应用到产品或生产流程中去。像高通、Rambus、高智、AmberWave、交互数字、MOSAID、Tessera、Walker Digital 和 Wi – LAN 都属于这种类型的公司。

（3）知识产权组合和许可

这些公司基本是通过购买其他组织的符合它们的知识产权货币化战略的专利而开发战略性专利组合。然后它们基于强大的专利组合制定专利许可计划来获利。一些知识产权组合公司要么从大的技术公司或资本市场筹得资金来购买大量的有价值的专利以形成其专利组合。它们通过许可专利组合来赚钱，然后将部分所得分配给投资者。高智（参见案例6）、Rembrandt IP Management 和 Acacia Technologies 都属于这种类型的公司。

【案例6】高智

高智公司（Intellectual Ventures）总部位于美国华盛顿贝尔维尤，成立于2000年。高智在日本、中国、印度、韩国和新加坡都设有分支机构，目前在世界范围内雇佣了550多名员工。高智将巨额基金用于投资知识产权。据说高智从它的投资者中筹集了约50亿美元。它的投资者主要有两种类型：基金投资者和战略公司投资者。财务投资者就类似于私人股市投资者，以其基金来换取基本资产组合的相应股份。战略公司投资者是高智专利组合某部分的被许可方，同时也是资产的股份持有人。据说这种战略投资公司包括像微软、索尼、诺基亚、英特尔、谷歌、易贝（eBay）和 SAP 这样的大公司。

高智的商业模式包括利用其可观的基金开发庞大的战略性专利组合，并授权给许多需要那些专利的公司使用。高智开发它的专利组合不仅通过它自己的研发行为、与大学和科研机构的合作研发，还从其他组织获得。所以，简单来说，高智的商业模式包括通过知识产权/技术开发进行授权许可和通过知识产权组合进行授权许可两种类型。

高智筹集的50亿美元被分成三种基金。最老的基金是发明科学基金Ⅰ，主要是原始资本，投资于从蓝图到形成发明创造的整个过程。第二种基金是发明开发基金Ⅰ，集中在扩大它的知识产权创新和全球货币化系统，尤其是通过它在亚洲的技术转换伙伴计划。第三种也是最多的基金是共同创新投资基金Ⅰ & Ⅱ，集中在投资现存的发明创造，大部分是从个人发明和中小企业中获得的。

制定考虑周详的专利投资策略对于高智开发大量的强大的专利组合具有重

大意义。制定针对强大专利组合的战略性专利投资计划的关键方式是头脑风暴会议，也叫发明创造大会。会议通常每月召开几次，各项科学技术领域的世界级专家聚集起来讨论解决各个技术领域问题的可能方法。基于发明创造大会的讨论和其他分析中获得的信息，高智创造了技术开发路线图，指出未来将会需要哪些技术或者说哪些技术亟待开发。然后，在技术开发路线图的基础上，高智制定在各个技术领域的专利投资策略。在制定了投资策略计划后，高智力图通过投资各种渠道，包括自身的研发行为、大学或科研机构的研究项目和现存的发明创造获得有价值的专利，形成强大的专利组合。

如上所述高智将巨额基金部分投资在自身的研发行为上，寄希望于创造新的有前景的发明，然后发展成为战略性专利组合。有些发明直接来源于发明创造大会。每次会后，一组机构内部的专利律师回顾整场讨论来寻求有前景的想法，然后审查被选中想法的市场潜能，并提交专利申请。高智通过实验室的内部研发项目产生了一些可申请专利的想法。高智实验室正式成立于 2009 年 5 月。实验室的任务是原型设计和技术类发明的远景研究。实验室的发明家们致力于各种项目的研究，从地球的健康和生物多样性到如何应对能源和气候变化问题。从 2009 年 7 月以来，据说高智聘请了大约 55 个分布不同领域的资深发明家，包括计算机、电子生物、物理学和火箭技术等方面。他们中只有不到 8 个是公司的全职员工，大约有 25 个是大学教授，其他的是顾问或者退休人员。高智宣称近几年来每年获得约 500 项专利，并且它已经提交将近 2000 项来自内部研发行为的专利申请。

内部研发行为并不是高智获得专利的唯一来源。除了投资于内部研发行为，高智也寻求外部投资机会。高智通过探索一些更广泛的技术领域，包括软件、电子设备、网络系统、生物技术和医疗设备等，来发现一些可能会产生有前景的创意的投资项目。高智获取外部想法的策略之一是与大学和科研机构合作，通过投资它看中的大学和科研机构的研究项目这类外部知识来源来帮助大学和科研机构将知识产权商业化。高智希望获得有前景的一些发明。2008 年，高智为了构建和支持亚洲的发明家网络体系，在新加坡、东京、北京、首尔和班加罗尔设立了办事处。每个这样的办事处约有 20 名专业人员，包括技术人员、市场分析人员和知识产权专家。自 2009 年 7 月以来，高智与世界范围内约 160 所大学合作，其中约 100 所是美国以外的。和印度孟买技术研究所于 2009 年 3 月签订的谅解备忘录就是一个例子。这项交易旨在帮助孟买技术研究所更系统化地将其知识产权货币化。高智支付孟买技术研究所专利许可费，同时承担它的专利组合的维护费用。如果高智许可谈判成功，将返还一部分利润给发明者。这种合作关系不具有排他性。所以孟买技术研究所可以与其他组织就专利相关事宜进行合作。在朝鲜，据说高智维护了 260 项受专利保护的创意的所有者的权利。这些创意来自朝鲜的大学，比如朝鲜国立大学和朝鲜高等科技研究院。

高智也投资已有的专利。它作为一个积极的外部专利组合者来优化它的专利组合。高智试图从各种渠道购买专利，包括大公司、大学、破产公司和私人发明家。例如，它参与失败的新成立公司的破产拍卖并购买它们的专利。在过去这些年里，高智已经积累了各个技术领域中 27000 项专利和专利申请。高智通过策略性地利用专利组合来获利，比如向其专利技术使用者和潜在用户许可使用。高智在非排他性基础上许可其专利。通过创造和外部收集形成的庞大的专利组合使高智能在各种不同的技术领域提供各式各样的许可包。为使每个许可包的价值最大化，高智可以按照顾客需要定制许可包中的专利。到目前为止，高智的许可计划大多数是跟大公司签的。例如，据说高智获得了威瑞森电信公司（Verizon Communications Inc.）和思科（Cisco Systems Inc.）2 亿 ~ 4 亿美元的担保支付。然而，正如梅尔沃德对《华尔街日报》所说，未来的许多业务可能会跟一些规模稍小的公司合作，金额在 500 万 ~ 1000 万美元。

6.4 建立防御型专利组合/知识产权分享框架

近来，有一类新型的知识产权专业公司出现了，它们试图购买专利仅仅为了维护其专利权避免所谓的侵权。这类知识产权专业公司的行为促进了一种特殊的与避免诉讼相关的知识产权策略。一些实业公司正试图在活跃的知识产权投机者出手之前获得潜在的需求专利，避免费用高昂的、破坏性的诉讼。它们有选择性地获取专利仅仅是为了防御。这类公司包括 Open Invention Network（案例 7）、RPX（案例 8）和 Allied Security Trust。

除了上面提到的功能外，意图促进一些独特技术的专利分享和获得的新计划正在一些技术领域中出现，通过组合专利并允许人们免费使用，例如绿色工程领域的 Eco - Patent Commons（案例 9）和开源软件的专利共享项目（Patent

Commons Project）。专利共享项目提供了网络数据库，其中包含公司同意在某些条款和情形下不会对开源区域维护其专利权，所以开源软件的开发者和用户可以使用现有的软件而不用担心专利侵权问题。例如，IBM 在 2004 年宣称将不会追究 Linux kernel 侵犯其专利组合权利的责任。在 2005 年，IBM 承诺对致力于研究开源软件的个人和团体开放包含 500 项软件专利在内的创新。诺基亚在 2005 年宣布允许 Linux kernel 在未来发展中使用其全部专利。此外，在 2005年，Sun Microsystems 发表了一则声明，声明不会追究开放式文档版式（ODF）的安装使用及其在美国和国外专利的侵权问题，包括办公应用（开放式文档）V1.0 特别版或 ODF 的任何附属版本。

【案例 7】Open Invention Network

Open Invention Network 是一家成立于 2005 年的知识产权专业公司，其旨在通过保护开源社区从而免受那些宣称维护自己对 Linux 系统专利权的诉讼行为的威胁，来推动 Linux 的创新。Linux 是一个在 GNU 通用公共许可证的基础上发展而来的免费操作系统，源代码供所有人免费使用。Open Invention Network 拥有相当强的产业背景。它接受各类公司团体的投资，包括 IBM、NEC、Novell、飞利浦、Red Hat 和索尼等。

开源软件开发是创新的关键来源之一。它有效降低了成本和提升了软件的功能。尤其是 Linux 的开发对软件和硬件行业创新作出了巨大的贡献。目前，这种创意被应用于各种项目，从开放源代码的维基百科全书和合作性的工业设计（例如 ThinkCycle），到开放源码的飞机设计，甚至连美国国家航空航天局（NASA）也是采用了志愿科学家的方法来识别和分类记录火星表层的陨石坑。

Linux 社区创新的关键之一可能在于软件源代码和创意共享的能力。Linux社区推动了创新是因为个人软件开发者和公司共同致力于构建一个共享的软件源代码图书馆。这种模式意味着开发者可以集中精力在现有的 Linux 代码的基础上开发和改良，而不需要从最基础的代码开始编写。事实上，在 Linux 社区分配开发任务能以更低的成本和更少的质量问题创造出高性能的软件。因此，鼓励开发者之间开放合作对于 Linux 系统的持续创新十分重要。合作和分享想法的障碍可能使 Linux 系统遭受创新放慢的威胁。

在那种情况下，开放创新网络不断完善知识产权模式，便于与 Linux 系统相关的重要专利可以在合作的氛围中公开共享。Open Invention Network 获得各个领域有用软件的相关专利来保护 Linux 系统，并将这些专利免费提供给同意不针对 Linux 系统维护其专利权的任何公司、科研机构或者个人。这使得Linux 社区，包括 Linux 开发者、经销者和使用者投资和使用 Linux，而不用担心知识产权问题。

通过设计一个关于 Linux 开发者、经销商、销售人员、转售者和终端用户的网站来许可它的专利组合，Open Invention Network 正在创造一个有利的受保护的环境以确保 Linux 的成长和适用。

【案例 8】RPX

总部位于旧金山的 RPX 成立于 2008 年，是一家纯粹购买专利的公司。它受 Kleiner Perkins Caufield & Byers 和 Charles River Ventures 风投公司的支持。后者也是高智的投资者，由之前提到的微软前首席执行官纳森·梅尔沃德创立的一家知识产权专业公司。RPX 的策略与其他专利基金截然相反，它获得专利不是为了形成强大的专利组合并通过特许经营来获利。RPX 购买专利的意图既不是使用它们，也不是用来起诉他人。RPX 只是为了构建一个防御性的专利池，避免一些弃之不用的专利经专利投机者利用造成昂贵的诉讼成本。

RPX 通过收取年度会费从大公司筹资，一般在 3 万到 500 万美元，具体取决于公司的规模。作为交换，会员可以获得 RPX 购买的所有专利的使用权。许多知名大公司与 RPX 签署项服务协议成为会员，包括 IBM、思科、松下、飞利浦、LG、三星、TiVo、Seiko–Epson和索尼等。RPX 的会员无权决定公司购买什么专利。如果会员公司不满 RPX 经营其专利组合的方式，可以选择不续签合作协议。即使是这样，它们仍然享有当它们是会员时 RPX 购买的专利的使用许可权。RPX 也使用从风投公司获得的初始资本购买专利。

RPX 购买专利的渠道众多。例如，它从 Acacia Research 购买了一项给数字磁盘加密的技术专利的许可。Acacia Research 是一家为获利而购买专利的龙头企业。这项交易促使松下、三星、LG 和飞利浦成为 RPX 的会员，因为Acacia Rexearch 起诉了 18 家电子制造商，声称这些企业的蓝光系统侵犯了该项专利。虽然 RPX 不会通过起诉来体现它所购买专利的价值，它也会在将专利许可给其会员使用后再卖给投资者。在某些情况下，RPX 只购买某项专利有限数量的许可权。RPX 可以确保其会员使用该项技术，同时专利所有者有权与其他组织谈判合作或起诉他人。通过这种方式，RPX 可以避免非会员

"搭便车"的现象。

RPX 已经购买了价值超 9000 万美元的专利，集中于那些应用广泛的领域，比如用户界面设计或呼叫中心管理。RPX 寻求的技术是可以或已经受专利保护的。它从小公司、私人发明家和破产公司购买目标专利。它也从知识产权拍卖中购买专利。决定购买哪些专利是这项工作中最大的挑战。

【案例 9】Eco – Patent Commons Scheme

在 2008 年 1 月，IBM、诺基亚、Pitney Bowes 和索尼四家公司同世界企业可持续发展工商理事会（World Business Council for Sustainable Development，WBCSD）推出了生态专利普及计划（Eco – Patent Commons Scheme），旨在促进对环境有益的技术相关专利的共享和获得。生态专利普及计划是为鼓励保护地球环境而发展相关技术的一种努力，它组合一些对环境有益的专利并免费提供给任何人使用。在专利共享项目的投资组合中所包含的专利由希望成为项目成员的专利拥有者承诺贡献出来。各公司自行决定应将哪些专利提交给普及。提交的专利必须体现出环境效益。由 WBCSD 维护的可搜索的基于 web 的数据库提供专利拥有者所贡献的专利名单。

所有的实体，包括没有向该计划提供专利的非成员实体都可以很容易地访问和利用共性发明和解决方案。正如开放软件社区所显示的，免费共享知识可以通过允许新玩家进入市场并使用共享的知识来促进创新并改进相关领域的技术。免费共享知识也将为企业提供一个建立新合作的平台，促进联合创新。IBM、索尼、诺基亚、Pitney Bowes、施乐、杜邦、博世、理光和太世公司等知名企业已加入了该计划。如果很多有价值的专利组合可以通过生态专利普及计划获得，这将是在环境技术领域促进创新的解决方案之一。该计划成功的关键在于它如何发挥潜在环保专利成员的潜力，鼓励它们加入计划并向该计划贡献专利。

6.5　基于知识产权的金融服务

这类公司提供各种基于知识产权的金融工具，例如知识产权抵押、知识产权投资和知识产权证券化。它们通过仔细评估交易方的知识产权价值和风险，从而为其提供资金。以下是这类知识产权专业公司采用的典型商业模式。

（1）知识产权抵押贷款

这类公司通常以贷款的形式给知识产权所有者提供资金，贷款全部或部分以知识产权资产作为担保。这些公司在进行资金交易时会考虑借款人的知识产权资产，而不是关注像房地产这样的不动产。

（2）创投基金

从资本市场筹集资金投资到有发展前景的发明上，尤其是与面向未来的开发技术相关的发明，这类经济组织正不断涌现。这类组织投资于拥有最新技术的各种发明来源，比如大学、科研机构、私人投资者和新成立的小公司。作为回报，这些公司将获得与它们所投资的发明相关的专利权，旨在跨越组织边界，把与某项技术相关的相互补充的知识产权打包，发展形成强大的专利组合。然后，它们通过推出专利许可项目来获利。Innovation Network Corporation of Japan（参见案例10）和高智都属于这种商业模式。

【案例10】Innovation Network Corporation of Japan

Innovation Network Corporation of Japan（INCJ）成立于2009年7月，是由日本政府和16家私营企业联合出资成立的一家投资基金公司。INCJ成立的目的是通过提供财政、技术和管理支持来促进创新并提高日本相关产业的商业价值。INCJ投资于类似于先进材料、电子器件、能源、环境、生命科学和机械等领域的创新型产业。到2009年底，该基金已经筹集了905亿日元（约9.6亿美元）；其中，该基金筹集的870亿日元（约合8.70亿美元）来自日本政府，85亿日元（约9000万美元）来自16家公司。日本政府还提供8000亿日元（约85亿美元）的贷款担保。所以，INCJ其投资能力约为9000亿日元（约96亿美元）。

这些资金的一部分将用于收购拥有前景的技术和知识产权资产的大学、科研机构和公司。例如，INCJ将投资像知识产权基金这样的实体，这些实体开发和管理某些专利组合，通过广泛许可它们的专利组合来推动涵盖这些专利的技术的传播。这些知识产权基金可以从其囊括的某些技术大学和研究机构等各种资源中收集有前景的专利，为其提供资金或必要的知识产权战略建设，并开发专利组合。同时，对那些希望使用专利技术进行商业化或进一步研究的人，这些基金将通过许可持有的专利组合获得收益。

这项业务还比较新，因此分析这种商业模式对创新的影响还为时过早。然而，这种商业模式基本的理念是"通过打破现存组织边界，组合知识来创造创新性的技术和新业务"，这可能会为受到目前所有者业务边界限制而不能发挥潜能的技术和知识产权打开一扇门，在新的开放领域大放异彩。此外，它们组合知识产权互补性的片段和提供知识产权组合一站式购买服务也促进了知识或技术的扩散。

（3）知识产权融资

这类公司提供金融资本给知识产权所有者，作为回报，获得它们能产生收益的知识产权，比如专利权和版权收益权益。这类公司通过提供知识产权的结构性融资使得知识产权所有者能够用知识产权带来的未来现金流换取目前的现金流。

已有的大多数基于知识产权的结构性融资协议似乎都是在生命科学产业达成的。这一市场在 20 世纪 90 年代早期出现，并仍被少数几个版权收益收购基金公司所主导，包括 Royalty Pharma（案例 11）、DRI Capital、Cowen Healthcare Royalty Partners。例如，DRI Capital 是一家投资管理公司，集中投资卫生保健行业的版权收益流，经营额超过 10 亿美元。DRI Capital 的版权收益货币化基金从公司、研究机构和发明者获得现有的版权收益流。它在产品商业化方面获得了超过 8.5 亿美元的基于版权收益的现金流。在生命科学产业以外，专利权的结构化销售并不太普遍，仅有 Patent Finance Consulting（案例 12）等少数公司在各种技术领域提供基于知识产权的结构性融资服务。

【案例 11】 Royalty Pharma

Royalty Pharma 成立于 1996 年，主业是获取能带来收益的知识产权——主要是已经投入市场的和处于技术生命周期后端的生物制药产品专利许可费收益权。Royalty Pharma 不开发、制造和销售产品。相反，它提供资金给拥有能带来收益的知识产权的大学、研究机构、发明家和生命科学公司以换取它们的专利许可费收益权益。

自 1996 年成立以来，公司已经获得了各种专利许可费收益权，包括以 7 亿美元从西北大学购买的普瑞巴林专利许可费收益权，以 6.5 亿美元收购纽约大学的 Remicade 版权，7 亿美元收购 Humira 专利许可费收益权，随后又与埃默里大学的吉利德科学以 5.25 亿美元联合收购 emtricitabine 专利许可费收益权。

在生物制药产品领域，Royalty Pharma 制药公司已拥有多样化的专利权益组合，包括雅培的 Humira，强生的 Remicade、辉瑞的普瑞巴林、安进的 Neupogen 和 Neulasta、基因泰克的利妥昔单抗、基列的 Emtriva、特鲁瓦达的 Truvada 和 Atripla、Celgene 公司的 Thalomid。由于现有产品的专利许可费收益收入增加以及额外的专利许可费收益，Royalty Pharma 的专利组合产生的总专利许可费收益每年都在快速增长。

Royalty Pharma 成功交易的例子：1984 年 8 月，安进公司（Amgen Corporation）和斯隆 - 凯特琳癌症中心（MSKCC）发起了一项探索性合作研究项目。参与项目保证 MSKCC 有机会获得本合作所产生的任何发明或技术的使用许可证。18 个月之后，MSKCC 和安进公司签署了专利技术用于开发 Neupogen 和 Neulasta 的许可协议，并且 MSKCC 的这些产品正产生版权收益。

又如 2004 年 1 月，Royalty Pharma 在 Neupogen 和 Neulasta 产品中获得了一部分 MSKCC 在美国的专利许可费收益权。这笔交易涉及预付现金、Royalty Pharma 的股权以及额外的支付权。如果年度销售额超过一定数额，就会产生专利许可费。这笔交易中，MSKCC 通过出售部分专利许可费收益权，来维持产品利润。

【案例 12】 Patent Finance Consulting 公司

Patent Finance Consulting 公司总部位于东京，提供知识产权机构性融资计划是它的一项综合服务。Patent Finance Consulting 公司管理着价值 100 亿日元的基金，被称为"九州技术发展投资基金"。通过这一基金，Patent Finance Consulting 公司投资给拥有竞争性技术和专利的公司来帮助它们将有价值的技术商业化。在这项交易中，知识产权所有者交换它的研发项目和潜在的知识产权给 Patent Finance Consulting 公司，以分离已转换的知识产权，规避原有知识产权所有者破产所带来的风险。Patent Finance Consulting 公司从投资者处收集资金投给特殊目的公司（SPC），以支持基于该项目的产品商业化。

为了机器人捕手业务，Patent Finance Consulting 公司成立了一个特殊目的公司，将 Mechat 货架公司开发的"机器人捕手"项目商业化。Mechat 货架公司将其技术种子和相关知识产权，如专利、商标、开发权以及与机器人捕手项目有关的分销权转让给了特殊目的公司。之后，由 Patent Finance Consulting 公司管理的九州技术发展投资基金，在特殊目的公司投资了 1 亿日元（约 100 万美元），来推动机器人捕手项目的商业化。

这些知识产权专业公司通过提供基于知识产权的融资方案来帮助公司掌握有价值的知识产权，这些知识产权将能带来收益但不符合短期的资金需求。知识产权所有者可以获得一笔预付款，以出售全部或一部分知识产权，比如将专利和未来的版权收益与这类知识产权专业公司进行交换。然后，知识产权所有者利用收益回流到产品线、开发新产品或投资其他战略性创新。因此，这些以知识产权为中心的融资模式有潜能支持创新公司，这类公司拥有具备前景的知识产权但是没有足够的资金投资研发活动来进一步开发技术。

（4）投资知识产权密集型企业

这些组织从投资者处筹得资金，放贷给掌握了专利、商标和版权等高价值知识产权的公司。知识产权所有者可以宣布他人侵权或进行专利许可来维护自己的权益。这些组织的目的是从借贷者的知识产权开发行为中获得财务收入，例如专利侵权诉讼和专利许可。通常，这些组织也提供知识产权咨询服务，便于客户更有效地管理它们的知识产权，并将从知识产权专利组合中萃取的价值最大化。像 Altitude Capital Partners（参见案例 13）、NW Patent Funding、IgniteIP、Coller IP Capital 等都属于这类公司。

【案例 13】 Altitude Capital Partners

Altitude Capital Partners 总部位于纽约，成立于 2005 年，是一家专注于投资的管理 2.5 亿美元的私人股本基金公司，拥有强大的知识产权投资组合。该公司的投资者包括许多对冲基金和其他机构投资者。公司在互联网商务、高速数据通信、网络安全和半导体芯片设计等领域投资知识产权组合。

Altitude Capital Partners 的一个交易案例是它在得克萨斯州对 Deep Nines 的投资。Deep Nines 是一家成立于 2000 年、总部位于得克萨斯州的网络安全解决方案提供商。2007 年，Altitude Capital Partners 在 Deep Nines 投资 800 万美元。Deep Nines 技术将几种不同类型的网络安全功能整合到一个系统中，以更有效地防止恶意的信息进入计算机网络。Altitude Capital Partners 的投资使其能够加强其销售、营销、研发和专利货币化活动。与此同时，基于协议，Altitude Capital Partners 不仅有权获得 Deep Nines 的股权，而且还可以从其知识产权协议（如知识产权授权协议和知识产权诉讼）中获得一些现金。2006 年，

Deep Nines 起诉 McAfee，指控 McAfee 侵犯了一项 Deep Nines 专利，该专利涉及防火墙攻击者的检测问题（Seyfer，2007）。2008 年 7 月 15 日，美国得克萨斯州东区联邦地区法院博蒙特分部的陪审团认为，McAfee 的入侵产品的某些应用侵犯了 Deep Nines 的专利，判决赔偿 1800 万美元。2008 年 7 月 29 日，Deep Nines 和 McAfee 达成了一项价值 2500 万美元的和解协议，解决了它们的专利诉讼问题。作为协议的一部分，McAfee 获得了某些非排他性的权利，并且它们共同发布了所有相关的声明。

Altitude Capital Partners 的另一个投资案例是 Visto。Visto 生产移动电子邮件软件。2007 年，Altitude Capital Partners 投资 3500 万美元于 Visto 8% 的可转换优先股中，期限为 5 年（Barron，2008）。Visto 已经起诉了包括微软在内的几家公司，因为这些公司侵犯了与服务器和移动设备同步信息相关的专利（Vardi，2007）。Visto 于 2005 年 12 月在美国联邦地区法院起诉微软，诉由是微软侵犯了它 3 项技术专利，该技术能将电子邮件自动从互联网推送到无线设备。Visto 和微软在 2008 年解决了专利纠纷。两家公司没有披露和解的细节。然而，Visto 在一份新闻稿中说，它已经与微软达成了一项许可协议，涉及现金和非现金的内容。在 RIM 的案例中，Visto 在 2006 年在得克萨斯州东区联邦地区法院起诉 RIM 侵犯其专利权。2009 年 7 月，RIM 和 Visto 宣布它们已达成协议，解决两家公司之间的专利纠纷。根据联合发布的新闻稿，解决方案的关键条款包括：RIM 在所有 Visto 专利上获得永久的许可使用权；Visto 转让了某些知识产权；RIM 一次性支付 2.2675 亿美元。

6.6 小结

附录 2 整理了前文中提到的一些国外著名知识产权服务公司的创立年份、及商业模式。上述知识产权服务公司的每一种商业模式都有其独特的市场定位。商业模式的核心内容即如何帮助企业创造和获取知识产权价值，构建促进知识流动的机制。在开放式创新背景下，它们能使希望从知识产权获益的企业更加战略性地思考和利用自身的知识产权，充分挖掘知识产权的价值潜力。它们还为企业提供了必要的知识产权专业知识服务和金融支持，减少了知识产权交易中的信息不对称和逆向选择现象，促进了创新需求和供给的对接，推动了技术的外部商业化。

　　然而，也有观点认为有些知识产权服务公司可能会鼓励一些不必要的专利侵权纠纷，阻碍创新的传播。NPE 是目前最有争议的类型。它们的商业模式就是先获得专利，然后通过诉讼和以诉讼相威胁来获取许可收入。因此它们有另一个不太好听的名字——"Patent Troll"（在国内一般被译为"专利蟑螂""专利流氓""专利钓饵"）。

　　NPE 的存在给社会带来了一些重大的挑战，尤其是创新型企业和政策制定者。为了促进知识产权的流通和创新，政策制定者应该有意识地禁止 NPE 的"反创新"活动以维持知识产权市场的秩序。由于 NPE 的知识产权开发活动的形式是多种多样的，似乎没有一种具体的政策可以禁止所有的活动。因此政策制定者应该制定一些综合政策，包括在知识产权制度、竞争和税收政策等政策领域采取行动，对 NPE 的反创新活动进行适当的管制；政策制定者还应该探索如何提高知识产权交易的透明度和可预测性，例如通过鼓励公开专利许可和销售信息，建立对合理市场价格的共同理解；通过确保专利质量，加强技术交易的可信度等。

第7章　研究结论与启示

7.1　主要研究结论

随着企业开始探索更为开放的创新模式，知识流动变得日趋重要。知识产权交易已成为开放式创新的关键影响因素，对创新要素的活跃度、创新人才的集聚度、技术的转移和转化都起着重要作用。近年来我国知识产权的拥有量迅速上升。和急剧上升的知识产权数量形成反差的是，我国大多数企业知识产权运营水平较低。如何实现知识产权量变到质变，充分挖掘知识产权的价值是企业在创新过程中亟须解决的问题。虽然知识产权交易对创新的重要性已经得到了越来越多研究者和企业的关注，但是对于知识产权交易与企业创新绩效这两者之间直接效应的正负关系仍然存在不少争议。同时，在实际的调研和访谈中我们发现企业对知识产权交易的需求与企业目前知识产权交易的管理能力存在脱节。企业应该如何进行科学的知识产权交易决策、提升知识产权交易效率在已有的文献中鲜有提及。在此背景下，本研究综合运用交易费用理论、委托代理理论、信息不对称理论等，采用定量与定性相结合的方法对开放式创新背景下知识产权交易对企业创新绩效的影响进行了系统、深入的分析和验证，并探讨了企业实施知识产权交易过程中的关键决策以及相关的支撑信息、分析工具。主要形成了以下研究结论。

（1）本研究参考开放式创新的分类方法，根据知识流动的方向以及在流动的过程中是否涉及经济交易，将企业创新网络中的知识流动细分为四种类型：内向整合型、外向授权型、内向获取型、外向释放型。知识产权交易主要涉及的是企业创新网络知识流动中的内向整合型和外向授权型。

（2）企业的知识产权价值可以用静态知识产权价值和动态知识产权价值

之和来表示。静态知识产权是指处于相对静止状态的知识产权，即未直接参与市场交换，也没有运用在产品和服务中的知识产权，包括作为储备的、尚未使用的知识产权。动态知识产权是相对于静态知识产权而言处于使用和营运中的知识产权。在市场经济的环境中，价格机制是资源配置的关键手段，这是知识产权交易产生和发展的前提条件。通过知识产权商品化和市场化转移，知识产权的价值得以体现。在开放式创新的环境下，企业会更多、更主动地进行知识的溢出。知识产权是创新网络知识流动过程中一种重要的约束机制和利益调节机制。知识产权交易发展水平的提高，推动了知识产权从企业专用性资产向交易性资产的转变，有助于知识加速流动，进而提升企业的技术创新能力。

（3）本研究深入剖析了知识产权交易对技术创新的影响机理，构建了知识产权交易（交易主体、交易客体、交易环境）—知识流动（内向整合型、外向授权型）—创新绩效的概念模型。其中影响知识产权交易的环境因素主要有知识产权制度、中介服务体系、风险投资体系。交易的主体因素指的是交易的买方与卖方之间的沟通机制、技术势差。交易的客体因素（技术特性）包括技术的不确定性、复杂性、成熟性。知识产权交易与企业技术创新绩效存在正相关关系，知识流动是知识产权交易影响企业技术创新绩效的中介变量，企业的学习吸收能力对知识流动影响创新绩效起到正向调节作用。

（4）本研究将专利许可交易作为知识产权交易定量化研究的切入口，利用国家知识产权局专利许可交易登记数据，结合德温特创新索引数据库中的专利申请、引证数据，采用零膨胀负二项回归模型分析了专利许可交易与受让企业后续创新绩效之间的关系。在基准回归模型的基础上，我们还进行了去除自引专利后的稳健性检验、高引用和低引用专利的分组回归稳健性检验。统计结果表明，自变量对因变量创新绩效（专利质量）自始至终都具有非常显著的正向作用，这说明知识产权交易确实会影响受让企业的创新绩效。就后向引用三种类型之间的比较来看，虽然类别 1 和类别 2 在统计学意义上不具有显著差异，但是后向引用了专利许可出让企业的专利在专利质量均值上高于其他两类，说明专利许可交易的经历在一定程度上改进了专利受让企业后续的专利质量，从实证层面证明了知识产权交易与企业创新绩效之间存在正相关关系。

（5）本研究分析了企业实施知识产权交易过程中的三个关键决策：哪些知识产权需要通过交易的方式来获取或运营？应该选择何种交易机制？是否需要中介的参与？决策 1 涉及企业知识产权战略的制定。我们可以采用知识产权

战略选择模型及专利组合分析法作为辅助工具进行决策。企业知识产权的战略
选择主要有知识产权商品化、知识产权资本化、知识产权联盟、知识产权免费
释放、知识产权内部扩散、知识产权战略性存储和知识产权弃置七种模式。决
策 2 涉及知识产权的交易机制。知识产权和其他财产权相比，它们在运营和管
理模式上存在巨大的差异。实现知识产权商品化和利益的过程具有风险大、成
本高、不确定性强等特征。在开放式创新情境下，为了提升知识产权的转化效
率，我们应在专利转让、许可等传统知识产权交易机制的基础上，积极探寻例
如知识产权信托、知识产权证券化等新的交易机制。决策 3 关系到知识产权交
易的治理结构。假设交易的不确定性已知，当知识产权交易的频率为"偶尔"
或"经常"，交易的资产是非专用性的时候，市场治理特别有效；当知识产权
交易的频率为"经常"，交易的资产属于混合性或专用性的时候，适合采用双
边治理结构；而当知识产权交易的频率为"偶尔"，交易的资产专用性程度为
混合和专用模式时，三边治理结构比较合适。

7.2　理论贡献与实践启示

7.2.1　理论贡献

（1）增强了知识产权理论研究的系统性

传统的知识产权理论研究更多地是从静态的视角去分析企业应当如何提高
知识产权的保护意识，防止侵权行为，而对于如何挖掘企业知识产权动态价值
的知识产权交易较少涉猎。本研究以知识流动为中介变量解读了知识产权交易
与企业技术创新绩效之间的关系，设计了知识产权交易（交易主体、交易客
体、交易环境）—知识流动（内向整合型、外向授权型）—创新绩效的概念
模型；对企业实施知识产权交易过程中的三个关键决策——知识产权交易战
略、知识产权交易机制、知识产权治理结构分别进行了细致的探讨，在一定程
度上增强了现有理论研究的系统性。

（2）弥补了知识产权交易现有研究缺乏深入定量分析的缺陷

本研究首次从专利引用的微观层面实证探讨了专利许可交易与专利受让企

业后续专利质量的内在关系，对于知识产权交易对创新绩效的影响有了更客观的评价，并从企业专利质量这一分析视角为长久以来专利许可与企业自主创新能力成长关系存在的争论提供了新的佐证资料，深化了我们对专利许可与企业创新联系的理解；同时从专利计量学的角度，对原有专利的前向引用统计公式进行了修正和改进，从单个专利扩展到了对专利族专利质量的测度，并实现了对当前引用次数为零的专利进行全生命周期引用次数的预估；根据与许可交易专利之间的关系，对专利受让者后续申请专利的后向引用进行了详细的分类，为以后相关的数据分析提供了一定的启示。

7.2.2　实践启示

本研究从中国企业在开放式创新实践中遇到的实际问题出发，运用定性和定量分析等多种方法，探析了知识产权交易对创新绩效的影响机制，完成了从实践到理论的研究过程。本书的研究结果表明实施开放式创新的企业可以通过知识产权交易有效地提升创新绩效，因此对于开放式创新的实践具有一定的指导意义。

（1）本书的研究结果有助于创新政策的制定者更加重视知识产权交易对开放式创新的战略意义。在 2008 年国务院印发的《国家知识产权战略纲要》中，已经提出要引导企业通过知识产权转让、许可、质押等方式实现知识产权的市场价值，企业应当成为知识产权创造和运用的主体。本研究对知识产权交易与创新绩效关系的剖析、知识产权交易决策的探讨为《国家知识产权战略纲要》的深化和推进提供了理论依据和实践层面的参考。

（2）对企业的创新管理者来说，本书实证部分的研究结果对如何进一步提升企业专利质量、创新绩效具有启示作用。企业除了通过加强内部研发这一传统途径来提高专利质量、提升创新能力以外，还需要进一步拓展外部的学习机制。本研究证明了专利许可是其中一种可行的途径。当然，专利许可与企业创新能力之间并不是简单的线性关系，而是一种高度复杂的非线性关系。专利许可对企业创新绩效的提高，是建立在企业具备一定的知识吸收能力基础上，通过一定的积累和技术学习才能实现，从而形成专利许可与创新之间的良性互动。企业根据自身的需要通过专利许可方式引进相关的技术，能够缩短技术追赶的时间，降低研发经费，提升企业的经济收益。但是单纯地采用引进方式来获取技术是不合理的，引进必须与创新并重，在引进技术的同时实施自主技术创新战略，最终实现"以小致大"的效果。此外，本书关于企业实施知识产权交易的决策分析，为企业提升知识产权交易管理水平提供了参考。

（3）本书对知识产权信托、知识产权证券化等新型知识产权交易机制的探讨、国外知识产权服务公司的分类研究也可为知识产权交易的中介机构提供参考，帮助它们进一步调整和改善交易模式，以适应技术型企业的需求，促进知识产权交易更顺畅地实现。

7.3 研究局限与未来研究展望

由于研究本身的复杂性及笔者的研究能力有限，本研究仍然存在一些不足之处，需要进一步完善和拓展，主要表现在以下几个方面。

（1）数据样本的局限性。在实证分析部分，本研究将比亚迪公司作为样本企业，从专利层面探索了专利许可与受让企业专利质量的关系。单个企业样本影响了研究的外在效度，也使我们的研究忽略了企业层面的一些影响因素。未来可以扩展样本企业数量，运用多层次分析法综合企业和专利两个层面更加系统深入地来分析专利许可与企业专利质量之间的关系。

（2）研究视角的局限性。本研究通过实证研究验证了专利许可与受让企业专利质量之间的关系，即知识产权交易对知识产权受让方创新绩效的影响。未来可进一步通过其他实证方法研究知识产权交易对知识产权出让方创新绩效的影响。

（3）研究方法的局限性。本研究主要使用了国家知识产权局专利许可交易登记数据库及德温特创新索引数据库的专利申请和引证数据进行建模分析。未来也可采用调研访谈和问卷调查的研究方法，借助 SPSS 和 AMOS 软件，通过大样本的层次回归模型、结构方程模型进行深入分析，从而能够更加细致地解读知识产权交易对创新绩效的具体影响机制、知识流动的中介效应及相关的调节效应。

参考文献

［1］ AGRAWAL A K. University-to-industry knowledge transfer: Literature review and unanswered questions ［J］. International Journal of anagement Reviews, 2003, 3 (4): 285 – 302.

［2］ AHUJA G. Collaboration networks, structural holes, and innovation: A longitudinal study ［J］. Administrative Science Quarterly, 2000, 45 (3): 425 – 455.

［3］ AHUJA G. The duality of collaboration: Inducements and opportunities in the formation of interfirm linkages ［J］. Strategic Management Journal, 2000, 21 (3): 317 – 343.

［4］ AHUJA G, KATILA R. Technological acquisitions and the innovation performance of acquiring firms: A longitudinal study ［J］. Strategic Management Journal, 2001, 22 (3): 197 – 220.

［5］ ALBERT M B, AVERY D, NARIN F, et al. Direct validation of citation counts as indicators of industrially important patents ［J］. Research Policy, 1991, 20 (3): 251 – 259.

［6］ ANAND B N, KHANNA T. The structure of licensing contracts ［J］. Journal of Industrial Economics, 2000, 48 (1): 103 – 135.

［7］ ARORA A, CECCAGNOLI M. Patent protection, complementary assets, and firms' incentives for technology licensing ［J］. Management Science, 2006, 52 (2): 293 – 308.

［8］ ARROW K J. The economic implications of learning by doing ［J］. The Review of Economic Studies, 1962, 29 (3): 155 – 173.

［9］ ATALLAH G, RODRIGUEZ G. Indirect Patent Citations ［J］. Scientometrics, 2006, 67 (3): 437 – 465.

［10］ ATUAHENE – GIMA K, PATTERSON P. Managerial perceptions of technology licensing as an alternative to internal R&D in new product development: An empirical investigation ［J］. R&M Management, 1993, 23 (4): 327 – 336.

［11］ BARNEY J. Firm resources and sustained competitive advantage ［J］. Journal of Management, 1991, 17 (1): 99 – 120.

［12］ CASSIMAN B, VEUGELERS R. In search of complementarity in innovation strategy: Internal R&D and external knowledge acquisition ［J］. Management Science, 2006, 52 (1):

68 – 82.

[13] CAVES R E, CROOKELL H, KILLING J P. The imperfect market for technology licenses [J]. Oxford Bulletin of Economics & Statistics, 1983, 45 (1): 249 – 267.

[14] CHATTERJI D, MANUEL T A. Benefiting from external sources of technology [J]. Research-Technology Management, 1993, 36 (6): 21 – 27.

[15] CHATTERJI D. Accessing external sources of technology [J]. Research-Technology Management, 1996, 39 (2): 48 – 56.

[16] CHAWLA H S. Managing intellectual property rights for better transfer and commercialization of agricultural technologies [J]. Journal of Intellectual Property Rights, 2007, 12 (5): 330 – 340.

[17] CHESBROUGH H . Managing open innovation [J]. Research – Technology Management, 2004, 47 (1): 23 – 26.

[18] CHESBROUGH H W. Open innovation: The new imperative for creating and profiting from technology [M]. Boston: Harvard Business School Press, 2003.

[19] CHESBROUGH H. The era of open innovation [J]. MIT Sloan Management Review, 2003, 44 (3): 35 – 41.

[20] CHESBROUGH H, VANHAVERBEKE W, WEST J . Open innovation: Researching a new paradigm [M]. New York: Oxford University Press, 2006.

[21] COASE R H. The nature of the firm [J]. Economics, 1937, 4 (16): 386 – 405.

[22] COHEN W M, LEVINTHAL D A. Absorptive capacity: A new perspective on learning and innovation [J]. Administrative Science Quarterly, 1990, 35 (1): 128 – 152.

[23] CORNER K R, PRAHALAD C K. A resource – based theory of the firm: Knowledge versus opportunism [J]. Organization Science, 1996, 7 (5): 477.

[24] CROMLEY J T. 20 Steps for pricing a patent [J]. Journal of Accountancy, 2004, 198 (5): 31 – 34.

[25] DAHLANDER L, GANN D M. How open is innovation? [J]. Research Policy, 2010, 39 (6): 699 – 709.

[26] DARR E D, KURTZBERG T R. An investigation of partner similarity dimensions on knowledge transfer [J]. Organizational Behavior and Human Decision Processes, 2000, 82 (1): 28 – 44.

[27] DUSSAUGE P, GARRETTE B, MITCHELL W. Learning from competing partners: Outcomes and durations of scale and link alliances in Europe, North America and Asia [J]. Strategic Management Journal, 2000, 21 (2): 99 – 126.

[28] DUYSTERS G, JACOB J, LEMMENS C, et al. Internationalization and technological catch-

ing up of emerging multinationals: A comparative case study of China's Haier Group [J].
Industrial and Corparate Change, 2009, 18 (2): 325 – 349.

[29] EISENHARDT K M. Building theories from case study research [J]. Academy of Management Review, 1989, 14 (4): 532 – 550.

[30] EISENHARDT K M, SCHOONHOVEN C B. Resource – based view of strategic alliance formation: Strategic and social effects in entrepreneurial firnis [J]. Organization Science, 1996, 7 (2): 136 – 150.

[31] EISENHARDT K M, MARTIN J A. Dynamic capabilities: What are they? [J]. Strategic Management Journal, 2000, 21 (Special Issue): 1105 – 1121.

[32] ERNST H. Patent portfolios for strategic R&D planning [J]. Journal of Engineering & Technology Management, 1998, 15 (4): 279 – 308.

[33] ERNST D. Beyond the global factory model: Innovative capabilities for upgrading China's IT industry [J]. International Journal of Technology and Globalization, 2007, 3 (4): 435 – 459.

[34] FISCHER E, REUBER A R. Support for rapid-growth firms: A comparison of the views of founders, government policymakers, and private sector resource providers [J]. Journal of Small Business Management, 2003, 41 (4): 346 – 365.

[35] FLEMING L. Recombinant uncertainty in technological search [J]. Management Science, 2001, 47 (1): 117 – 132.

[36] FOSFURI A. The licensing dilemma: Understanding the determinants of the rate of technology licensing [J]. Strategic Management Journal, 2006, 27 (12): 1141 – 1158.

[37] FURMAN J L, PORTER M E, Stern S. The determinants of national innovative capacity [J]. Research Policy, 2002, 31 (6): 899 – 933.

[38] GALES L, MANSOUR-Cole D. User involvement in innovation projects: Toward an information processing model [J]. Journal of Engineering and Technology Management, 1995, 12 (12): 77 – 109.

[39] GAMBARDELLA A., GIURI P, LUZZI A. The market for patents in Europe [J]. Research Policy, 2007, 36 (8): 1163 – 1183.

[40] GARVIN D A. Building a learning organization [J]. Harvard Business Review, 1993, 71 (4): 78 – 91.

[41] GASSMANN O. Opening up the innovation process: Towards an agenda [J]. R&D Management, 2006, 36 (3): 223 – 228.

[42] SMITH G V, PARR R L. Valuation of intellectual property and intangible assets: Cumulative supplement [M]. New Jersey: John Wiley&Sons, 2000: 1 – 160.

［43］GRANSTRAND O, BOHLIN E, OSKARSSON C. External technology acquisition in large multi-technology corporations ［M］. R&D Management, 2007, 22 (2): 111 – 134.

［44］GRANT R M, BADEN-FULLER C. A knowledge-based theory of inter-firm collaboration ［M］. Academy of Management Proceedings, 1995 (1): 17 – 21.

［45］GRANT R M, BADEN-FULLER C. A knowledge accessing theory of strategic alliances ［M］. Journal of Management Studies, 2004, 41 (1): 61 – 84.

［46］GRANT R M. Prospering in dynamically competitive environments: Organizational capability as knowledge integration ［J］. Organization Science, 1996, 7 (4): 375 – 387.

［47］GRINDLEY P C, TEECE D J. Managing intellectual capital: Licensing and cross – licensing in semiconductors and electronics ［J］. California Management Review, 1997, 39 (2): 8 – 41.

［48］GULATI R. Does familiarity breed trust? The implications of repeated ties for contractual choice in alliances ［J］. Academy of Management Journal, 1995, 38 (1): 85 – 112.

［49］GULATI R. Network location and learning: The influence of network resources and firm capabilities on alliance formation ［J］. Strategic Management Journal, 1999, 20 (5): 397 – 420.

［50］YANG H Y, PHELPS C, STEENSMA H K. Learning from what others have learned from you: The effects of knowledge spillovers on originating firms ［J］. Academy of Management Journal, 2010, 53 (2): 371 – 389.

［51］HAGEDOORN J, CLOODT M. Measuring innovative performance: Is there an advantage in using multiple indicators? ［J］. Research Policy, 2003, 32 (8): 1365 – 1379.

［52］HAGEDOORN J, DUYSTERS G. The effect of mergers and acquisitions on the technological performance of companies in a high – tech environment ［J］. Technology Analysis & Strategic Management, 2002, 14 (1): 67 – 85.

［53］HAGEDOORN J. Understanding the rationale of strategic technology partnering: Interorganizational modes of cooperation and sectoral differences ［J］. Strategic Management Journal, 1993, 14 (5): 371 – 385.

［54］HALL B H, JAFFE A B, TRAJTENBERG M. The NBER U. S. patent citations data file: Lessons, insights and methodological tools ［R］. NBER Working, 2001.

［55］HALL B H, GRILICHES Z, HAUSMAN J A. Patents and R&D: Is there a lag? ［J］. International Economic Review, 1986, 27 (2): 265 – 284.

［56］HARHOF D, HENKEL J, HIPPEL V E. Profiting from voluntary information spillovers: how users benefit by freely revealing their innovations ［J］. Research Policy, 2003, 32 (10): 1753 – 1769.

[57] HE Z, LIRA K, WONG P. Snakes and ladders: A patent analysis of Ericsson, Motorola and Nokia in the wireless communications industry, 1980 – 2000 [C]. Proceedings of the 2004 IEEE International Engineering Management Conference: Innovation and Entrepreneurship for Sustainable Development. 2004: 22 – 26.

[58] HIRSCHEY M, RICHARDSON V J. Valuation effects of patent quality: A comparison for Japanese and U. S. firms [J]. Pacific – Basin Finance Journal, 2001, 9 (1): 65 – 82.

[59] HITT M A, HOSKISSON R E, IRELAND R D. A mid – range theory of the interactive effects of international and product diversification on innovation and performance [J]. Journal of management, 1994, 20 (2): 297 – 326.

[60] HOBDAY M. East Asian latecomer firms: Learning the technology of electronics [J]. World Development, 1995, 23 (7): 1171 – 1193.

[61] HORWITZ E. Patent and technology licensing [J]. Computer & Internet Lawyer, 2007, 24 (10): 28 – 40.

[62] HOWELLS J. Intermediation and the role of intermediaries in innovation [J]. Research Policy, 2006, 35 (5): 715 – 72.

[63] HU A, JAFFE A B. Patent citations and international knowledge flow: The cases of Korea and Taiwan [J]. International Journal of Industrial Organization, 2003, 21 (6): 849 – 880.

[64] INKPEN A C. Learning through joint ventures: A framework of knowledge acquisition [J]. Journal of Management Studies, 2000, 37 (7): 1019 – 1043.

[65] IWAN V W, THORSTEN T, KATJA R. Inventive progress measured by multi-stage patent citation Analysis [J]. Research Policy, 2005, 34 (10): 1591 – 1607.

[66] JAFFE A B, TRAJTENBERG M. International knowledge flows: Evidence from patent citations [J]. Economics of Innovation and New Technology, 1999, 8 (1/2): 105 – 136.

[67] JAFFE A B, TRAJTENBERG M, HENDERSON R. Geographic localization of knowledge spillovers as evidenced by patent citations [J]. The Quarterly journal of Economics, 1993, 108 (3): 577 – 598.

[68] JANE Z. Multilevel perspective on knowledge transfer: Evidence from the Chinese automotive industry [J]. Strategic Management Journal, 2009, 30 (9): 959 – 983.

[69] JOHNSON D. "Learning-by-licensing": R&D and technology licensing in Brazilian invention [J]. Economics of Innovation & New Technology, 2002, 11 (3): 163 – 177.

[70] JONES G K, LANCTOT J A. Determinants and performance impacts of external technology acquisition [J]. Journal of Business Venturing, 2001, 16 (3): 255 – 283.

[71] KATHRURIA V. Productivity spillovers form technology transfer to Indian manufacturing

firms [J]. Journal of International Development, 2000, 12 (3): 343 – 369.

[72] KILLING J P. Diversification through licensing [J]. R&D Management, 1978, 8 (3): 159 – 163.

[73] KIM H, LIM H, PARK Y. How should firms carry out technological diversification to improve their performance? An analysis of patenting of Korean firms [J]. Economics of Innovation & New Technology, 2009, 18 (8): 757 – 770.

[74] KIM L. Building technological capability for industrialization: Analytical frameworks and Korea's experience [J]. Industrial & Corporate Change, 1998, 8 (1): 111 – 136.

[75] KIM L, LEE H. Patterns of technological change in a rapidly developing country: A synthesis [J]. Technovation, 1987, 6 (4): 261 – 276.

[76] KIM L, NELSON R. Technology, learning and innovation: Experiences of newly industrializing economies [M]. Cambridge: Cambridge University Press, 2000.

[77] KIM Y. Choosing between international technology licensing partners: An empirical analysis of U. S. biotechnology firms [J]. Journal of Engineering and Technology Management, 2009, 26 (1/2): 57 – 72.

[78] LAKHANI K R, VON HIPPEL E. How open source software works: "free" user-to-user assistance [J]. Research Policy, 2003, 32 (6): 923 – 943.

[79] LANE P J, LUBATKIN M. Relative absorptive capacity and interorganizational learning [J]. Strategic Management Journal, 1998, 19 (5): 461 – 477.

[80] LANE P J, SALK J E, LYLES M A. Absorptive capacity, learning, and performance in international joint ventures [J]. Strategic Management Journal, 2001, 22 (12): 1139 – 1161.

[81] LANE P J, KOKA B R, PATHAK S. The reification of absorptive capacity: A critical review and rejuvenation of the construct [J]. Academy of Management Review, 2006, 31 (4): 833 – 863.

[82] LANJOUW J O, SCHANKERMAN M. Patent quality and research productivity: Measuring innovation with multiple indicators [J]. The Economic Journal, 2004, 495 (114): 441 – 465.

[83] LAURSEN K, LEONE M I, TORRISI S. Technological exploration through licensing: New insights from the licensee's point of view [J]. Industrial & Corporate Change, 2010, 19 (3): 871 – 897.

[84] LAURSEN K, SALTER A. Open for innovation: The role of openness inexplaining innovation performance among UK manufacturing firms [J]. Strategic Management Journal, 2006, 27 (2): 131 – 150.

[85] LAVIE D, KANG J, ROSENKOPF L. Balance within and across domains: The perform-ance implications of exploration and exploitation in alliances [J]. Organization Science, 2011, 22 (6): 1517 – 1538.

[86] LEE C, LEE K, PENNINGS J M. Internal capabilities, external networks, and perform-ance: A study on technology-based ventures [J]. Strategic Management Journal, 2001, 22 (6/7): 615 – 640.

[87] LEE Y G, LEE J D, et al. An indepth empirical analysis of patent citation counts using ze-ro-inflated count data model: The case of KIST [J]. Seientometries, 2007, 70 (1): 27 – 39.

[88] LERNER J. The importance of patent scope: An empirical analysis [J]. The R&D Journal of Economics, 1994, 25 (2): 319 – 333.

[89] LERNER J, SHANE H, TSAI A. Do equity financing cycles matter? evidence from bio-technology alliances [J]. Journal of Financial Economics, 2003, 67 (3): 411 – 446.

[90] LEVINTHAL D A, MARCH J G. The myopia of learning [J]. Strategic Management Jour-nal, 1993, 14 (S2): 95 – 112.

[91] LEVITAS E, MCFADYEN M. Managing liquidity in research – intensive firms: Signaling and cash flow effects of patents and alliance activities [J]. Strategic Management Journal, 2009, 3 (6): 659 – 678.

[92] LI Y J, WANG Y. Find them home or abroad? The relative contribution of international technology in – licensing to "Indigenous Innovation" in China [J]. Long Range Planning, 2015, 48 (3): 123 – 134.

[93] LICHTENTHALER U. Open innovation: Past research, current debates, and future direc-tions [J]. The Academy of Management Perspectives, 2011, 25 (1): 75 – 93.

[94] LICHTENTHALER U. Relative capacity: Retaining knowledge outside a firm's boundaries [J]. Journal of Engineering and Technology Management, 2008, 25 (3): 200 – 212.

[95] LICHTENTHALER U, ERNST H. External technology commercialization in large firms: Results of a quantitative benchmarking study [J]. R&D Management, 2007, 37 (5): 383 – 397.

[96] LICHTENTHALER U, ERNST H. Opening up the innovation process: The role of technolo-gy aggressiveness [J]. R&D Management, 2009, 39 (1): 38 – 54.

[97] LICHTENTHALER U, ERNST H. Technology licensing strategies: The interaction of process and content characteristics [J]. Strategic Organization, 2009, 7 (2): 183 – 221.

[98] LICHTENTHALER U. Outbound open innovation and its effect on firm performance: Exami-ning environmental influences [J]. R&D Management, 2009, 39 (4): 317 – 330.

[99] LICHTENTHALER U, ERNST H. Developing reputation to overcome the imperfections in the markets for knowledge [J]. Research Policy, 2007, 36 (1): 37 –55.

[100] LIN B W. Technology transfer as technological learning: A source of competitive advantage for firms with limited R&D resources [J]. R&D Management, 2003, 33 (3): 327 –341.

[101] LIN H. Cross-sector alliances for corporate social responsibility partner heterogeneity moderates environmental strategy outcomes [J]. Journal of Business Ethics, 2012, 110 (2): 219 –229.

[102] LÓPEZ R A. Foreign technology licensing, productivity, and spillovers [J]. World Development, 2008, 36 (4): 560 –574.

[103] LOWE J, TAYLOR P. R&D and technology purchase through license agreements: Complementary strategies and complementary assets [J]. R&D Management, 1998, 28 (4): 263 –278.

[104] LOWE J, TAYLOR P. R&D and technology purchase through license agreements: Complementary strategies and complementary assets [J]. R&D Management, 1998, 28 (4): 263 –278.

[105] MADANMOHAN T R, KUMAR U, KUMAR V. Import-led technological capability: A comparative analysis of Indian and Indonesian manufacturing firms [J]. Technovation, 2004, 24 (12): 979 –993.

[106] MARCH J G. Exploration and exploitation in organizational learning [J]. Organization Science, 1991, 2 (1): 71 –87.

[107] MONK A. The emerging market for intellectual property: Drivers, restrainers, and implications [J]. Journal of Economic Geography, 2009 (9): 60 –72.

[108] MOWERY D C, OXLEY J E. Inward technology transfer and competitiveness: The role of national innovation systems [J]. Cambridge Journal of Economics, 1995, 19 (1): 67 –93.

[109] MOWERY D C, OXLEY J E, SILVERMAN B S. Technological overlap and interfirm cooperation: Implications for the resource – based view of the firm [J]. Research Policy, 1998, 27 (5): 507 –523.

[110] NAGAOKA S. Assessing the R&D management of a firm in terms of speed and science linkage: Evidence from the US patents [J]. Journal of Economics & Management Strategy, 2007, 16 (1): 129 –156.

[111] NARASIMHAN O, RAJIV S, DUTTA S. Absorptive capacity in high – technology markets: The competitive advantage of the haves [J]. Marketing Science, 2006, 25 (5):

510 – 524.

[112] NARIN F, CARPENTER M P, WOOLF P. Technological performance assessment based on patents and patent citations [J]. IEEE Transactions on Engineering Management, 1984, 31 (4): 172 – 183.

[113] PAGE A L, SCHIRR G R. Growth and development of a body of knowledge: 16 years of new product development research, 1989 – 2004 [J]. Journal of Product Innovation Management, 2008, 25 (3): 233 – 248.

[114] PAKES A, GRILICHES Z. Patents and R&D at the firm level: A first report [J]. Economics Letters, 1980, 5 (4): 377 – 381.

[115] PARKHE A. Interfirm diversity, organizational learning, and longevity in global alliances [J]. Journal of International Business Studies, 1991, 22 (4): 579 – 601.

[116] PILLAI P M. Technology transfer, adaptation and assimilation [J]. Economic and Political Weekly, 1979, 14 (47): 121 – 126.

[117] POWELL W W. Learning from collaboration [J]. California Management Review, 1998, 40 (3): 228 – 240.

[118] POWELL W W, KOPUT K W, SMITH-DOERR L. Interorganizational collaboration and the locus of innovation: Networks of learning in biotechnology [J]. Administrative Science Quarterly, 1996, 41 (1): 116 – 145.

[119] PRAHALAD C, HAMEL G. The Core competence of the corporation [J]. Harvard Business Review, 1990, 68 (3): 79 – 91.

[120] REILLY R F, SCHWEIHS R P. The handbook of business valuation and intellectual property analysis [M]. New York: The McGraw – Hill Companies Inc, 2004: 1 – 662.

[121] RNSENKOPF L, ALMEIDA P. Overcoming local search through alliance and mobility [J]. Management Science, 2003, 49 (6): 751 – 766.

[122] ROTHAERMEL F T, DEEDS D L. Exploration and exploitation alliances in biotechnology: A system of new product development [J]. Strategic Management Journal, 2004, 25 (3): 201 – 221.

[123] KORTUM S, LERNER J. Assessing the contribution of venture capital to innovation [J]. RAND Journal of Economics, 2000, 31 (4): 674 – 692.

[124] SAWHNEY M, PRANDELLE E. Communities of creation: Managing distributed innovation in turbulent market [J]. California Management Review, 2000, 42 (4): 24 – 54.

[125] SHANE S. Prior knowledge and the discovery of entrepreneurial opportunities [J]. Organization Science, 2000, 11 (4): 448 – 469.

[126] SLATER S F, NARVER J C. Market orientation and the learning organization [J]. The

Journal of Marketing, 1995, 59 (3): 63 – 74.

[127] SMITH K G, COLLINS C J, CLARK K D. Existing knowledge, knowledge creation capability, and the rate of new product introduction in high technology firms [J]. Academy of Management Journal, 2005, 48 (2): 346 – 357.

[128] SPITHOVEN A, CLARYSSE B, KNOCKAERT M. Building absorptive capacity to organise inbound open innovation in traditional industries [J]. Technovation, 2011, 31 (1): 10 – 21.

[129] TEECE D J, PISANO G, SHUEN A. Dynamic capabilities and strategic management [J]. Strategic Management Journal, 1997, 18 (7): 509 – 533.

[130] TEECE D J. Competition, cooperation, and innovation: Organizational arrangements for regimes of rapid technological progress [J]. Journal of Economic Behavior&Organization, 1992, 18 (1): 1 – 25.

[131] TEECE D J. Capturing value from knowledge assets [J]. California Management Review, 1998, 40 (3): 66 – 79.

[132] TEECE D J. Profiting from technological innovation: Implications for integration, collaboration, licensing and public policy [J]. Research Policy, 1986, 15 (6): 285 – 305.

[133] TRAJTENBERG M. A penny for your quotes: Patent citations and the value of innovations [J]. Rand Journal of Economics, 1990, 21 (1): 172 – 181.

[134] TSAI K H, WANG J C. External technology acquisition and firm performance: A longitudinal study [J]. Journal of Business Venturing, 2008, 23 (1): 91 – 112.

[135] TSAI W. Knowledge transfer in intraorganizational networks: Effects of network position and absorptive capacity on business unit innovation and performance [J]. Academy of Management Journal, 2001, 44 (5): 996 – 1004.

[136] TSAI W, GHOSHAL S. Social capital and value creation: The role of intrafirm networks [J]. Academy of Management Journal, 1998, 41 (4): 464 – 476.

[137] DE VRANDE V V, DE JONG J P J, VANHAVERBEKE W, et al. Open innovation in SMEs: Trends, motives and management challenges [J]. Technovation, 2009, 29 (6): 423 – 437.

[138] DE VRANDE V V, LEMMENS C, VANHAVERBEKE W. Choosing governance modes for external technology sourcing [J]. R&D Management, 2006, 36 (3): 347 – 363.

[139] VANHAVERBEKE W, DE VRANDE V V, CHESBROUGH H. Understanding the advantages of open innovation practices in corporate venturing in terms of real options [J]. Creativity and Innovation Management, 2008, 17 (4): 251 – 258.

[140] VON HIPPEL E. Lead users: A source of novel product concepts [J]. Management Sci-

ence，1986，32（7）：791 - 805.

[141] VON HIPPEL E. The sources of innovation ［M］. New York：Oxford University Press，1988：111 - 120.

[142] WILLIAMSON O E. Transaction cost economics：The governance of contractual relations ［J］. Journal of Law and Economics，1979，22（2）：233 - 261.

[143] WILLIAMSON O E. The economics of organization：The transaction cost approach ［J］. American Journal of Sociology，1981，87（3）：548 - 577.

[144] WILLIAMSON O E. Comparative economic organization：The analysis of discrete structural alternatives ［J］. Administrative Science Quarterly，1991，36（2）：269 - 296.

[145] WU Y，LEE P. The use of patent analysis in assessing ITS innovations：US，European and Japan ［J］. Transportation Research Part A，2006，41：568 - 586.

[146] YLI - RENKO H，AUTIO E，SAPIENZA H J. Social capital，knowledge acquisition，and knowledge exploitation in young technology - based firms ［J］. Strategic Management Journal，2001，22（6/7）：587 - 613.

[147] ZAHRA S A，GEORGE G. Absorptive capacity：A review reconceptualization，and extension ［J］. Academy of Management Review，2002，27（2）：185 - 203.

[148] 蔡爽，黄鲁成. 专利分析方法评述及层次分析 ［J］. 科学学研究，2009（2）：6 - 13.

[149] 切萨布鲁夫，范哈佛贝克，韦斯特. 开放创新的新范式 ［M］. 陈劲，李王芳，谢芳，等，译. 北京：科学出版社，2010.

[150] 陈劲，斯亚奇，谢芳. 企业知识产权价值实现的动态选择 ［J］. 科学学与科学技术管理，2011（11）：42 - 47.

[151] 陈学光. 网络能力、创新网络及创新绩效关系研究 ［D］. 杭州：浙江大学，2007.

[152] 陈钰芬. 开放式创新的机理与动态模式研究 ［D］. 杭州：浙江大学，2007.

[153] 戴万亮. 内部社会资本对产品创新影响研究：知识螺旋的中介效应 ［D］. 天津：天津大学，2011.

[154] 董正英，谈毅. 基于案例分析的技术交易效率 RP - GS - IM 动力机制分析模型 ［J］. 研究与发展管理，2006（12）：15 - 23.

[155] 董正英. 技术交易、中介与中国技术市场发展 ［D］. 上海：复旦大学，2003.

[156] 冯晓青. 试论日本企业专利战略及对我国的启示 ［J］. 北京航空航天大学学报（社会科学版），2001（8）：15 - 20.

[157] 郭亮玺. 技术交易效率影响因素研究：基于浙江省技术市场 ［D］. 杭州：浙江理工大学，2006.

[158] 郭琳. 知识型项目团队的知识创造过程研究 ［D］. 北京：北京交通大学，2012.

[159] 黄静，袁晓东. 知识产权信托与科技成果转化 [J]. 软科学，2004 (4)：5 – 10.

[160] 姜毓锋. 基于技术市场的知识转移研究 [D]. 长春：吉林大学，2011.

[161] 蒋子军. 开放式创新视角下企业知识吸收能力影响因素研究 [D]. 杭州：浙江大学，2008.

[162] 来小鹏. 影响知识产权价值评估的法律因素 [J]. 中国资产评估，2008 (3)：33 – 35.

[163] 李棼. 知识产权交易机制创新探析 [J]. 经济与社会发展，2008 (1)：23 – 28.

[164] 李建伟. 知识产权证券化：理论分析与应用研究 [J]. 知识产权，2006 (01)：15 – 19.

[165] 李铭. 长春市技术市场管理研究 [D]. 长春：东北师范大学，2008.

[166] 李文江. 构建专利权质押贷款的风险防范体系 [J]. 金融理论与实践，2010 (7)：68 – 71.

[167] 梁栋. 知识产权交易理论问题研究 [D]. 广州：华南理工大学，2013.

[168] 梁靓. 开放式创新中合作伙伴异质性对创新绩效的影响机制研究 [D]. 杭州：浙江大学，2013.

[169] 林慧岳. 试论知识产权交易的市场化 [J]. 科学学研究，1999 (4)：15 – 19.

[170] 刘伍堂. 知识产权质押贷款评估实务 [J]. 中国发明与专利，2007 (12)：52 – 53.

[171] 刘志迎，陈青祥，徐毅. 众创的概念模型及其理论解析 [J]. 科学学与科学技术管理，2015 (2)：35 – 42.

[172] 马慧民，叶春明，张爽. 专利技术产业化筛选评估指标体系研究 [J]. 中国科技论坛，2005 (5)：65 – 68.

[173] 潘秋玥，魏江，刘洋. 企业研发网络国际化研究述评与未来展望 [J]. 外国经济与管理，2013 (8)：17 – 24.

[174] 裴云龙. 产学科学知识转移对企业技术创新绩效的影响效应研究 [D]. 西安：西安交通大学，2013.

[175] 齐艳. 企业开放式创新绩效影响因素研究 [D]. 杭州：浙江大学，2007.

[176] 秦菲. 知识产权证券化研究 [D]. 南昌：华东交通大学，2009.

[177] 斯亚奇，陈劲，王鹏飞. 基于知识产权外部商用化的知识收入研究 [J]. 技术经济，2011 (2)：1 – 7.

[178] 宋河发，穆荣平，陈芳. 专利质量及其测度方法与测度指标体系研究 [J]. 科学学与科学技术管理，2010 (4)：21 – 27.

[179] 孙洁丽. 论知识产权价值评估 [J]. 中国证券期货，2010 (1)：86 – 88.

[180] 孙雪涛. 不对称信息下的知识产权交易问题研究 [D]. 合肥：安徽农业大学，2010.

［181］谭思明. 专利组合分析：一个有效的企业竞争战略决策工具［J］. 情报杂志，2006（4）：23－28.

［182］唐国华，赵锡斌，孟丁. 企业开放式知识产权战略框架研究［J］. 科学学与科学技术管理，2014（2）：20－26.

［183］万小丽. 知识产权战略实施绩效评估中的专利质量指标及其作用研究［J］. 科学学与科学技术管理，2009（11）：69－74.

［184］万小丽. 专利质量指标中"被引次数"的深度剖析［J］. 情报科学. 2014，32（1）：68－73.

［185］王翠霞. 国家创新系统产学协同创新机制研究［D］. 杭州：浙江大学，2014.

［186］王飞绒. 基于组织间学习的技术联盟与企业创新绩效关系研究［D］. 杭州：浙江大学，2008.

［187］王海花，蒋旭灿，谢富纪. 开放式创新模式下组织间知识共享影响因素的实证研究［J］. 科学学与科学技术管理，2013（6）：26－33.

［188］王竞达. 跨国并购知识产权价值评估相关问题研究［J］. 经济与管理研究，2010（5）：69－75.

［189］王坤. 开放式创新：过去的研究、现有的争论及未来的趋势［J］. 经济资料译丛. 2013（1）：3－10.

［190］王鹏飞. 外向开放式创新对创新绩效的影响研究［D］. 杭州：浙江大学，2010.

［191］王元地，刘凤朝，潘雄锋. 专利技术许可与中国企业创新能力发展［J］. 科学学研究，2011，29（12）：21－28.

［192］王元地，刘凤朝，潘雄锋. 专利许可、技术学习与企业创新能力成长［J］. 研究与发展管理，2012，24（5）：55－63.

［193］王智源. 组织间知识产权经济合作与交易的模式及机理研究［D］. 合肥：中国科学技术大学，2010.

［194］谢芳，陈劲. 许可经历对企业专利质量的影响：基于专利引用的分析［J］. 中国科技论坛，2017（10）：135－143.

［195］谢芳. 促进产学研协同创新中的知识产权交易研究［J］. 中国集体经济，2014（11）：31－32.

［196］谢芳. 开放式创新背景下大学知识产权交易机制初探［J］. 现代管理科学，2011（4）：78－80.

［197］谢芳. 知识产权交易的经济理论溯源［J］. 科技促进发展，2017（12）：10－15.

［198］阳银娟. 知识伙伴对企业创新绩效的影响研究［D］. 杭州：浙江大学，2014.

［199］杨汝梅. 无形资产论［M］. 施仁夫，译. 上海：立信会计出版社，2009：1－141.

［200］杨亚琴，郭玉林，刘亮，等. 上海创新要素交易便利化亟待突破"四大制约"［J］.

华东科技，2016（3）：54 – 57.

[201] 姚王信. 企业知识产权融资研究：理论、模型与应用 [D]. 天津：天津财经大学，2011.

[202] 叶伟巍. 产学合作创新机理与政策研究 [D]. 杭州：浙江大学，2009.

[203] 于艳芳，等. 资产评估 [M]. 北京：经济管理出版社. 2008：178 – 180.

[204] 张涛，李刚. 企业知识产权价值及其评价研究 [J]. 改革与战略，2006（8）：18 – 23.

[205] 张玉蓉. 供应链企业间的知识市场及其交易模型研究 [D]. 重庆：重庆大学，2009.

[206] 周波. 知识交易及其定价研究 [D]. 上海：复旦大学，2006.

[207] 周燕，郭亮玺. 技术交易效率影响因素分析及其对企业绩效的作用机理 [J]. 科技进步与对策，2009（11）：18 – 25.

[208] 朱朝晖. 基于开放式创新的技术学习协同与机理研究 [D]. 杭州：浙江大学，2007.

[209] 朱雪忠，乔永忠，万小丽. 基于维持时间的发明专利质量实证研究：以中国国家知识产权局1994年授权的发明专利为例 [J]. 管理世界，2009（1）：174 – 175.

附　　录

附表1　$\alpha_{k(L)}$ 的估算值

L	化学 （医药除外）	通信	医药	电子	机械	其他
1	0.037	0.045	0.026	0.048	0.043	0.026
2	0 091	0.112	0.067	0.115	0.101	0.069
3	0.152	0.188	0.114	0.187	0.164	0.123
4	0.214	0.266	0.165	0.259	0.226	0.182
5	0.275	0.342	0.216	0.327	0.285	0.244
6	0.333	0.413	0.265	0.390	0.341	0.306
7	0.387	0.479	0.314	0.448	0.393	0.366
8	0.438	0.538	0.360	0.502	0.442	0.424
9	0.485	0.592	0.404	0.550	0.487	0.479
10	0.529	0.640	0.446	0.594	0.530	0.530
11	0.569	0.683	0.486	0.635	0.569	0.578
12	0.607	0.721	0.524	0.671	0.606	0.622
13	0.642	0.755	0.560	0.705	0.640	0.662
14	0.674	0.785	0.593	0.735	0.671	0.699
15	0.704	0.812	0.625	0.763	0.701	0.732
16	0.732	0.835	0.656	0.788	0.728	0.763
17	0.758	0.856	0.684	0.811	0.753	0.790
18	0.782	0.875	0.711	0.832	0.777	0.815
19	0.804	0.891	0.737	0.851	0.799	0.837
20	0.824	0.906	0.761	0.868	0.820	0.858
21	0.843	0.919	0.784	0.884	0.839	0.876
22	0.861	0.930	0.806	0.898	0.856	0.892
23	0.877	0.940	0.826	0.911	0.873	0.907

L	化学 (医药除外)	通信	医药	电子	机械	其他
24	0.892	0.949	0.845	0.923	0.888	0.920
25	0.906	0.957	0.864	0.934	0.902	0.932
26	0.919	0.964	0.881	0.943	0.916	0.942
27	0.931	0.970	0.897	0.952	0.928	0.952
28	0.942	0.976	0.913	0.960	0.939	0.961
29	0.952	0.981	0.928	0.968	0.950	0.968
30	0.962	0.985	0.941	0.975	0.960	0.975
31	0.971	0.989	0.954	0.981	0.969	0.981
32	0.979	0.992	0.967	0.986	0.978	0.987
33	0.987	0.995	0.978	0.991	0.986	0.992
34	0.994	0.998	0.990	0.996	0.993	0.996
35	1.000	1.000	1.000	1.000	1.000	1.000

注：表中数据为滞后期为 L 时不同技术领域的专利被引次数占总被引次数的累计比例。

附表2　国外著名知识产权服务公司及其商业模式

公司/组织	创立年份	商业模式
IP Capital Group	1988	知识产权管理服务
Thinkfire	2001	• 知识产权管理服务 • 知识产权经纪人
IPotential	2003	• 知识产权管理服务 • 知识产权经纪人
InnoCentive	2001	知识产权交易网上市场
NineSigma	2000	知识产权交易网上市场
YourEncore	2003	知识产权交易网上市场
yet2.com	1999	知识产权交易网上市场
UTEK	1996	知识产权交易网上市场
Fluid Innovation	2005	知识产权交易网上市场
Ocean Tomo	2003	知识产权现场拍卖或网上拍卖
Free Patent Auction	2004	知识产权现场拍卖或网上拍卖
Stanford University TTO	1970	大学技术转移

公司/组织	创立年份	商业模式
Flintbox	2003	知识产权交易网上市场 大学技术转移
MPEG LA	1996	专利池（（MPEG - 2、ATSC、AVC/H. 264、VC - 1、MPEG - 4 可视化、MPEG - 2 系统、IEEE 1394、LTE）
Via licensing	2002	专利池 （先进的音频编码、AGORA - C 数字无线电 IEEE。802. 11、DVB - MHP、MPEG - 2 AAC 格式，mpeg - 4 SLS、MPEG 环绕标准、场沟通、tru2way / OCAP，全天候电视）
SISVEL	1982	专利池 （MPEG Audio、DVB - T、ATSS、WSS、TOPteletext、UHFRFID、CDMA 2000、DECT、DVB - H、DVB - T2）
ULDAGE	2006	专利池 （ARIB、CATV）
Open Patent Alliance	2008	专利池（WiMAX）
3G Licensing	2004	专利池/专利平台（W - CDMA）
InterDigital，Inc.	1972	知识产权/技术开发和许可
Qualcomm	1985	知识产权/技术开发和许可
Rambus	1990	知识产权/技术开发和许可
Avistar Communication	1993	知识产权/技术开发和许可
InterTrust	1990	知识产权/技术开发和许可
Intellectual Ventures	2000	• 知识产权投资基金 • 知识产权/技术开发和许可 • 知识产权组合许可
Acacia Technologies	1992	• 知识产权/技术开发和许可 • 知识产权组合许可
Rembrandt IP Management	2004	知识产权组合许可
RPX	2008	防御性的专利组合

续表

公司/组织	创立年份	商业模式
Allied Security Trust	2008	防御性的专利组合
Open Invention Network	2005	防御性的专利组合
Eco – Patent Commons	2008	免费分享专利的发起者
DRI Capital	—	知识产权金融
Royalty Pharma	1996	知识产权金融
Cowen Healthcare Royalty Partners	2007	知识产权金融
Paul Capital Partners	1999	知识产权金融
Patent Finance Consulting	2004	知识产权金融
Innovation Network Corporation of Japan （INCJ）	2009	知识产权金融
Altitude Capital Partners	2005	知识产权金融
NW Patent Funding	2006	知识产权金融
New Venture Partners LLC	2001	知识产权金融